C.H.BECK WISSEN

in der Beck'schen Reihe

Das nach dem Zweiten Weltkrieg gegründete Nordrhein-Westfalen galt lange als «industrielles Herz» und «soziales Gewissen» der Bundesrepublik Deutschland. Bis heute gibt es kein Bundesland, in dem mehr Menschen leben. Seine bunt zusammengewürfelte Einwohnerschaft kann auf eine ebenso bunte Geschichte zurückblicken. Prägnant und anschaulich erzählt Christoph Nonn die historische Entwicklung der Menschen in der Region zwischen Maas, Rhein und Weser vom Neandertaler bis heute.

Christoph Nonn ist Professor für Neueste Geschichte unter besonderer Berücksichtigung der Geschichte Nordrhein-Westfalens an der Universität Düsseldorf.

Christoph Nonn

GESCHICHTE NORDRHEIN-WESTFALENS

Verlag C. H. Beck

Für Felicity,
mit Dank an Sabine und Bruno

Mit 2 Karten
(cartomedia, Karlsruhe)

Originalausgabe

Gesamtherstellung: Druckerei C. H. Beck, Nördlingen
Umschlagentwurf: Uwe Göbel, München
Printed in Germany
ISBN 978 3 406 58343 8

www.beck.de

Inhalt

I. Vorgeschichte(n): Grenzland und Begegnungsraum in der Vormoderne

1. Anfänge

Die Geschichte Nordrhein-Westfalens ist die Geschichte der dort lebenden Menschen. Doch wann beginnt sie? Was verband Raum und Menschen – oder besser, wie fühlten die Menschen sich welchem Raum verbunden?

Im Jahr 1856 entdeckten Arbeiter eines Steinbruchs im Neandertal der Düssel, nicht allzu weit von der etwa 30 Kilometer weiter östlich verlaufenden Grenze zwischen den preußischen Provinzen Rheinland und Westfalen, Teile eines versteinerten Skeletts. Ein ortsansässiger Lehrer erkannte darin die Überreste eines Urzeitmenschen. Von den Zeitgenossen kam jedoch vielfach Widerspruch. Einige sahen in den Knochen die eines Holländers, manche die eines mongolischen Kosaken, andere wieder die eines zugewanderten Kelten – jedenfalls nicht die eines Einheimischen. Die Zeit des Skelettfunds im Neandertal war eine Zeit des wachsenden deutschen Nationalismus, mit dem auch ein Wachsen von rheinischem und westfälischem Regionalbewusstsein einherging. Das Skelett mit dem flachen Schädel und den dicken Knochenwülsten über den Augen, von einem Zeitgenossen sogar für das eines «modernen Idioten» gehalten, passte nicht in das Bild, das sich viele von der eigenen Vorgeschichte machten. Heute ist dagegen nicht mehr umstritten, dass es sich bei dem ungefähr 80 000 Jahre alten Fund aus dem Neandertal um einen der frühesten Belege für menschliche Existenz auf dem Gebiet des heutigen Nordrhein-Westfalen handelt.

War der Neandertaler der erste Nordrhein-Westfale? Sicher nicht. Raumbezogene Identität kann zwei Ursachen haben. Sie kann als Zugehörigkeit zu einem räumlich abgegrenzten Herrschaftsverband bestimmt sein. Und sie kann in der subjektiven Identifikation mit einem Gebiet, einer Landschaft, einem Raum wurzeln. Selbst heute ist es fraglich, ob die Menschen zwischen Maas und Weser, zwischen Aachen und Paderborn Mitglieder eines territorialen Herrschaftsverbandes sind. Denn alle Einwohner Nordrhein-Westfalens sind rechtlich gesehen zunächst einmal Bürger der Bundesrepublik Deutschland. Immerhin ist heute aber eine subjektive Identifikation mit dem Land Nordrhein-Westfalen möglich. Dasselbe gilt freilich auch für die Identifikation mit dem Wohnort oder der Heimatregion, mit der Nation oder mit Europa.

Womit identifizierte sich der Neandertaler? Wir wissen es nicht. Vermutlich waren seine primären Identifikationsobjekte seine Familie und sein Clan. Weil verstorbene Neandertaler mit Grabbeigaben bestattet wurden, kann man annehmen, dass die Loyalität auch über den Kreis der lebenden Stammesmitglieder hinausging. Im Zusammenhang damit ist ebenso ein Ahnenkult, also eine Traditionsbildung wahrscheinlich.

Die Konstruktion historischer Traditionen wird auch in Nordrhein-Westfalen seit dessen Gründung betrieben. Der erste Ministerpräsident des Landes, Rudolf Amelunxen, sprach in seiner Regierungserklärung 1946 von der langen Geschichte eines «nordrhein-westfälischen Volkes». Die Geschichte dieses Volkes verlegte er zwar immerhin nicht bis in die Urzeit zurück, und er vereinnahmte den Neandertaler auch nicht als Urvater des Landes Nordrhein-Westfalen. Allerdings konstruierte er eine gemeinsame Geschichte Westfalens und des Rheinlands seit spätestens dem frühen Mittelalter. Die beiden Regionen hätten eine «gesegnete Landschaft gebildet, die Jahrhunderte hindurch Hüterin edelster Werte des deutschen Geistes und der abendländischen Kultur» gewesen sei. «Die Menschen an Rhein und Ruhr» seien spätestens seit der «heiligen Hildegard» von Bingen «immer freiheitsliebende Menschen gewesen, kultivierte, zivilisierte Leute, die bei ihrer hohen Achtung vor Würde und Wert des Menschen jede unnötige Beschränkung der persönlichen Freiheit, den Drill, Kommissgeist und Terror verachtet und wie die Pest gehasst haben».

Es gibt viele weitere Beispiele für solche Traditionsbildungen, auch in fachhistorischer Literatur, zum Teil sogar bis heute. Geschichtskonstruktionen dieser Art mag man zustimmen, oder man mag sie ablehnen. Aber natürlich entsprach es nicht dem Selbstverständnis derjenigen, die vor 1946 auf dem Gebiet des späteren Landes Nordrhein-Westfalen lebten, sie als Vorläufer einer gemeinsamen Landesidentität zu vereinnahmen. Für die Mehrheit der Menschen vor der Industrialisierung, die fest in dörfliche Gemeinschaften integriert war, waren lokale Bezüge am wichtigsten. Aber auch die kleinen mobilen Eliten der vorindustriellen Gesellschaft hatten keinen Bezug zu einem Raum, der nur annähernd die Grenzen von Nordrhein-Westfalen gehabt hätte. Dabei gab es eine Vielzahl von Objekten der Identifikation: Sprache, Religion, politische Verbände, Siedlungs- und Herrschaftsformen. Bezüge auf lokale, regionale und überregionale Identitäten bestanden nebeneinanderher. Oft standen sie – wie heute – auch in Konkurrenz zueinander.

Die Vorgeschichte des Raumes, aus dem nach 1815 die preußischen Provinzen Rheinland und Westfalen wurden und aus dem noch später Nordrhein-Westfalen entstand, ist deshalb eher eine Vielzahl von Vorgeschichten. Einige dieser Vorgeschichten handeln von der Ziehung von Grenzen – politischen Grenzen, Sprachgrenzen, Konfessionsgrenzen. Andere handeln aber auch von Begegnungen, von kulturellem und wirtschaftlichem Austausch.

Die erste dieser Begegnungen fand zwischen Neandertaler und *homo sapiens* statt. Die ersten anatomisch modernen Menschen wanderten, wahrscheinlich aus dem Osten kommend, vor etwa 30 000 Jahren ein. Früher wurde angenommen, dass die Neandertaler von den Neuankömmlingen in kurzer Zeit verdrängt wurden. Nach neueren archäologischen Grabungen und Datierungen scheinen beide Gruppen eher Tausende von Jahren nebeneinanderher gelebt zu haben. Warum diese Koexistenz schließlich ein Ende fand, wissen wir nicht. Dass der Neandertaler durch den *homo sapiens* ausgerottet oder ausgehungert wurde, ist möglich, aber ebenso Spekulation wie die neuere These einer Vermischung von beiden.

Die Neandertaler wie auch die ersten Vertreter des *homo sapiens* waren Nomaden, die den von ihnen gejagten Tierherden hinterherzogen. Sesshaft wurden die Menschen im Raum des späteren Nordrhein-Westfalen erst gegen 4500 v. Chr., als sie vom Jagen und Sammeln zum Ackerbau übergingen. Dieser Übergang zur Landwirtschaft erfolgte offenbar unter dem Einfluss der frühesten Hochkulturen im Nahen Osten. Denn nicht alle Pflanzen, die nun angebaut wurden – verschiedene Weizenarten, Erbsen, Linsen –, waren vorher schon heimisch. Auch Ziege und Schaf, die ersten Haus- und Nutztiere der Menschen, hatte es zuvor in Mitteleuropa nicht gegeben. Sie müssen in einem langsamen Prozess des Kulturtransfers, vielleicht auch wieder verbunden mit Zuwanderung, den Weg aus Vorderasien gefunden haben.

Mit der Sesshaftigkeit hinterließen die Menschen wesentlich deutlichere Spuren, als die flüchtige Existenz der nomadischen Lebensweise es getan hat. Die ersten dauerhaften Siedlungen auf den fruchtbaren Lößböden der Hellwegzone, also dem südlichen Ruhrgebiet, und der Kölner Bucht bestanden aus hölzernen Langhäusern, die ungefähr sechs Meter breit und bis zu 40 Meter lang waren. Die Häuser waren geteilt in einen Wohnbereich, einen Wirtschaftstrakt für das Vieh und einen Speicher. Ihre Bewohner benutzten unter anderem eine Art Spindeln, um Tierwolle zu Kleidung zu verarbeiten. Den rundum laufenden Verzierungen ihrer Tongefäße verdanken sie den Namen, mit dem sie heute bezeichnet werden: Bandkeramiker. Ihnen folgten eine Reihe weiterer Kulturen, die ebenfalls meist nach charakteristischen Eigenarten ihrer Keramik oder Werkzeuge benannt sind.

Die Einführung der Landwirtschaft war eine Revolutionierung der menschlichen Lebensweise, die in ihrer Tragweite nur mit der Industrialisierung zu vergleichen ist. Weniger einschneidend, aber doch bedeutungsvoll ist der Beginn der Metallverarbeitung gewesen. Am Rhein setzte die Bronzezeit um 1500 v. Chr. ein. Allerdings geschah das nicht überall gleich schnell und umfassend. Im Süden, am Mittelrhein und zum Teil noch bis in die Kölner Bucht hinein wurden Metallwerkzeuge früher und mehr benutzt als am Niederrhein und rechts des Flusses. Damit wird in archäologischen Funden eine unterschiedliche

Entwicklung fassbar, die sich um Christi Geburt schließlich auch in den ersten schriftlichen Quellen niederschlägt.

2. Kelten, Germanen und Römer

In Julius Caesars «Gallischem Krieg» ist die Rede davon, dass die von ihm unterworfenen einheimischen Stämme im heutigen Frankreich und Belgien über stadtähnliche *oppida* verfügten, in denen ihre Fürsten residierten. Solche *oppida* gab es auch in dem von den Treverern bewohnten Trierer Land südlich der Eifel. Bei den nördlich der Eifel siedelnden Eburonen fehlten sie dagegen. Die Grabbeigaben, so der archäologische Befund, waren hier, wie auch rechts des Rheins, zudem um einiges dürftiger als weiter im Süden oder im Westen. Das Gebiet des heutigen Nordrhein-Westfalen scheint demnach zur Zeit des römischen Eindringens in die Region vergleichsweise unterentwickelt gewesen zu sein.

Bei Caesar findet sich auch eine Bemerkung, die zum Ansatzpunkt einer Interpretation dieser relativen Unterentwicklung aus kulturellen oder ethnischen Differenzen geworden ist: Die Eburonen bezeichnete er nämlich als «linksrheinische Germanen» *(germani cisrhenani)*. Der höhere Entwicklungsstand der Gallier einschließlich der Treverer würde sich demnach aus ihrer keltischen Herkunft erklären. Am Niederrhein und im heutigen Westfalen hätten dagegen die Repräsentanten eines ganz anderen Kulturkreises oder Volkes, eben die Germanen, gesiedelt.

Abgesehen davon, dass diese Interpretation im 19. und frühen 20. Jahrhundert für die Legende eines deutsch-französischen Gegensatzes schon in der Antike herhalten musste, ist sie allerdings auch aus anderen Gründen in ihrer holzschnittartigen Schärfe etwas fragwürdig. Sicherlich lag die Region vor der Ankunft der Römer im Grenzbereich zwischen zwei Kulturen, die beide nach den ersten Fundstellen ihrer charakteristischen Artefakte benannt sind: der aus dem Norden stammenden «germanischen» Jastorf-Kultur und der vom Südwesten ausstrahlenden «keltischen» Latène-Kultur. Diese Grenze war aber ziemlich diffus. Einerseits behaupteten die Treverer, die nach dem archäologischen Befund recht eindeutig zu den Kelten gehörten, später selbst, germanischer Abkunft zu sein. Andererseits ging der Name der von Caesar als germanisch bezeichneten Eburonen auf den keltischen Namen für Eibe, Eburo, zurück. Die Eburonen benutzten auch Produkte des keltischen Kulturkreises. Das taten zum Teil sogar die «Germanen» rechts des Rheins, vor allem an der Sieg.

Erst das Eingreifen der Römer hat anstelle dieser fließenden Übergänge festere Grenzen etabliert. Dabei wurden linksrheinisch die kulturellen Entwicklungsunterschiede zwischen der Gegend am Mittelrhein und dem Niederrhein nivelliert, während ein neues Kulturgefälle zwischen links- und rechtsrheinischen Gebieten geschaffen wurde. Caesar hatte seinen Feldzug in Gallien 58 v. Chr. hauptsächlich aus innenpolitischen Gründen begonnen, um sein Ansehen in den inneren Kämpfen des spätrepublikanischen Rom zu festigen. Das gelang ihm zwar. Ruhe stellte sich in den eroberten Gebieten freilich lange Zeit nicht ein. Caesars Kriegführung war an diesem Dilemma alles andere als unschuldig. Die Eburonen etwa ließ er nach eigener Aussage fast völlig ausrotten. Vom rechtsrheinischen Gebiet strömten daraufhin andere Stämme in das linksrheinisch geschaffene Vakuum, die wiederum «befriedet» werden mussten.

Der Fluss bot sich als natürliche Barriere an, um die Eroberungen zu sichern. Es dauerte allerdings noch einige Zeit, bis sich diese Einsicht bei den Römern endgültig durchsetzte. Nach Caesars ersten Siegen in Gallien kam es zu zahlreichen Aufständen. Die Rebellen wurden dabei von rechtsrheinischen Stämmen unterstützt. Schon Caesar selbst unternahm deshalb mit seinen Truppen zwei «Strafexpeditionen» über den Fluss. Auch die Feldherren seiner Nachfolger taten das wiederholt. Aus den «Strafexpeditionen» wurde um die Zeitenwende sogar ein fast dreißig Jahre andauernder Eroberungskrieg, gespeist vor allem vom persönlichen Ehrgeiz der römischen Heerführer. Deren Versuche, die Grenze ihres Reiches von Stützpunkten an der Lippe bis an die Elbe vorzuschieben, erhielten aber mit der Vernichtung von drei Legionen unter Varus in Ostwestfalen

9 n.Chr. einen empfindlichen Dämpfer und wurden wenige Jahre später schließlich ganz eingestellt.

Links des Rheins beschränkte sich die Herrschaft der Römer zunächst weitgehend auf die Erhebung von Abgaben und darauf, Streitigkeiten zwischen den dort ansässigen Stämmen zu unterdrücken. Die Aufrechterhaltung dieses «römischen Friedens» (*pax romana*) übernahmen, neben der Sicherung der Flussgrenze, die in befestigten Militärlagern stationierten Legionen. Zwischen Nimwegen im Norden und Mainz im Süden gab es von diesen Lagern auf dem Gebiet des heutigen Nordrhein-Westfalen vier: Xanten, Neuß, Köln und Bonn. Weitere kurzfristig bestehende Legionslager an der Lippe, von denen das wichtigste Haltern war, wurden nach der gescheiterten Eroberung des rechtsrheinischen Gebiets aufgegeben. Auf Dauer bestanden dagegen linksrheinisch auch noch Kastelle für einheimische Hilfstruppen, so zum Beispiel in Kalkar, Krefeld-Gellep und Dormagen.

Neben diesen Militärlagern entwickelten sich seit der Mitte des ersten Jahrhunderts n.Chr. die ersten Städte. Parallel dazu setzte eine grundlegende kulturelle Romanisierung des linken Rheinufers ein. Sie wurde mit angestoßen durch Einwanderer aus dem Mittelmeerraum und die Niederlassung römischer Militärveteranen. Im Fall von *Colonia Claudia Ara Agrippinensium* (Köln) entwickelte die Stadt sich aus einem schon vorher bestehenden *oppidum*. Das römische Köln war allerdings wesentlich größer als dieses: Es zählte immerhin zwischen 20 000 und 40 000 Einwohner. Vor allem aber waren die romanisierten Städte am Rhein anders als die früheren *oppida* größtenteils aus Stein gebaut. In ihnen gab es steinerne Tempel, Theater, Stadtmauern und öffentliche Badeanlagen, die Thermen.

Um die Menschen in den Städten mit Nahrung zu versorgen, wurde die landwirtschaftliche Anbaufläche im Linksrheinischen während der Römerzeit durch die Rodung von Waldgebieten beträchtlich erweitert. Vielerorts entstanden große Landgüter (*villae rusticae*). Auch deren Haupt- und Wohnhäuser waren aus Stein errichtet. Wie die Bewohner der Städte wurden auch die der Landgüter durch Leitungen mit frischem Wasser versorgt, und zumindest die Oberschicht verfügte über eigene Bäder. Neben verschiedenen Getreidesorten produzierte man viele Arten von Obst und Gemüse und züchtete Rinder, Schweine, Schafe und Pferde. Wein, Olivenöl und Fischsoße wurden aus dem Mittelmeerraum importiert. Die befestigten Straßen, die das ganze riesige Römische Reich umspannten, ermöglichten einen umfangreichen Handel. Selbst Carraramarmor wurde eingeführt, wenn man Böden und verputzte Wände der Häuser nicht mit Farben oder Mosaiken aus einheimischer Produktion verzierte.

Ganz anders sahen die Niederlassungen rechts des Rheins aus. Häuser wurden hier wie seit viereinhalb Jahrtausenden weiter aus Holz gebaut. Auch ihre Ausstattung hatte sich seitdem kaum verändert. Die Wände waren mit Lehm verschmiert. Die Häuser standen einzeln oder in kleineren Gruppen; größere Siedlungen gab es nicht. Die Menschen lebten von der Viehzucht, der Jagd und dem, was das eigene Land an Getreide hergab. Die meisten waren für die Versorgung mit Gütern des täglichen Bedarfs auf das angewiesen, was sie selbst produzieren konnten, also Selbstversorger. Der Kontrast zu der in hohem Maße arbeitsteilig organisierten Wirtschaft und Gesellschaft im romanisierten linksrheinischen Gebiet, wo zumindest die zahlreiche Stadtbevölkerung sich auf Märkten versorgte, war immens.

Der Rhein erscheint so während der Römerzeit als eine Barriere, die zwei grundverschiedene Welten voneinander trennte. Die Römer versuchten diese Barriere noch zu verbreitern, indem sie germanische Siedlungen am rechten Rheinufer immer wieder systematisch zerstörten. Doch über den Grenzstreifen aus Wasser und verbrannter Erde hinweg gab es auch Begegnungen, ja enge Kontakte zwischen beiden Seiten. Schriftquellen und archäologische Funde belegen einen intensiven Handelsaustausch. So fanden etwa Glas und hochwertige Keramik aus städtischen Werkstätten im romanisierten linksrheinischen Gebiet, Eisen- und Kupferprodukte aus Abbaustätten im Norden der Eifel und Mühlsteine aus rheinischer Basaltlava rechts des Flusses reißenden Absatz. Die dort ansässigen Germanen tauschten dagegen Tierhäute und wohl auch lebendes Vieh und Getreide, in kleineren Mengen vielleicht auch Bernstein und Frauenhaar.

Die Rheingrenze wurde so zur Drehscheibe eines schwunghaften Handels, der Auswirkungen weit über die Region hinaus hatte. Produkte aus Kölner Werkstätten gelangten bis nach Skandinavien, während zum Beispiel Bernstein aus dem Ostseeraum über die Rheingrenze den Weg ans Mittelmeer fand. In der Spätantike wurden diese Kontakte durch Brücken über den Rhein noch weiter erleichtert. Die Brücke, die seit Beginn des 4. Jahrhunderts das linksrheinische Köln mit dem auf dem anderen Ufer gegründeten römischen Kastell in Deutz verband, war zwar eigentlich als Ausgangspunkt militärischer Vergeltungsaktionen für germanische Einfälle über den Fluss gebaut worden. Meist diente sie allerdings dem friedlichen Zweck des Handelsaustauschs.

Auch in kultureller Hinsicht gab es Kontakte und wechselseitige Austauschbeziehungen. Das lässt sich besonders für den Bereich der Religion zumindest auf dem linken Rheinufer feststellen; für das rechtsrheinische Gebiet lassen sich ähnliche Entwicklungen nur vermuten. Im romanisierten Rheinland verschmolzen einheimische und römische Götterbilder miteinander. Die altansässige Bevölkerung gewöhnte sich an die Verehrung der römischen Götter Jupiter, Juno und Minerva sowie an den Kaiserkult. Gleichzeitig blühten in dem von den Römern beherrschten Gebiet die keltisch-germanischen Fruchtbarkeitskulte um Muttergottheiten. Die wechselseitige Akzeptanz und Mischung religiöser Praktiken machte die Gesellschaft des römischen Rheinlands so zu einer im wahrsten Sinn des Wortes multikulturellen.

Mischung fand schließlich auch noch in anderer Hinsicht statt, nämlich durch die Siedlungspolitik der Römer. Nach der Vernichtung der Eburonen wurden verschiedene rechtsrheinische Germanenstämme zwangsweise auf der linken Seite des Rheins angesiedelt. Als es nach einer langen Phase der Ruhe und des wirtschaftlichen Aufschwungs während des 2. Jahrhunderts n. Chr. Mitte des 3. Jahrhunderts zu Überfällen vom rechten auf das linke Flussufer kam, stellten die Römer den Frieden wieder her, indem sie die Eindringlinge ebenfalls im linksrheinischen Gebiet ansiedelten. Germanen konnten seitdem verstärkt im römischen Heer Karriere machen. Bald waren es überwiegend germanische Heerführer, die das Reich am Rhein verteidigten.

Im 4. Jahrhundert wurden jedoch erstmals Germanen nicht mehr in die romanisierte Gesellschaft links des Rheins integriert. Stattdessen siedelten sie sich als geschlossene Stammesverbände dort an. Das geschah zunächst noch mit Zustimmung des Römischen Reiches. Dieses Arrangement überforderte aber offenbar die Kooperationsbereitschaft beider Seiten: Die eingewanderten Germanen akzeptierten die Oberhoheit Roms auf Dauer nicht, und die römische Herrschaft brach damit nördlich von Xanten zusammen. Im Verlauf der nächsten Jahrzehnte löste sie sich auch weiter südlich Stück für Stück auf. Sie endete unwiderruflich Mitte des 5. Jahrhunderts mit der germanischen Eroberung Kölns.

3. Franken und Sachsen

Der germanische Stammesverband, der die römische Herrschaft links des Rheins beendete, wird in den antiken Quellen als Franken bezeichnet. So hießen auch schon die zuvor dort angesiedelten Germanen. Vielleicht war das Ende der Römerzeit am Rhein deshalb auch weniger dramatisch, als es auf den ersten Blick den Eindruck macht. Möglicherweise schüttelten die Franken um das Jahr 450 nur die Oberhoheit des ohnehin zerfallenden Römischen Reiches ab. Wie auch immer: Die ehemalige römische Provinz *Germania inferior* wurde im späten 5. Jahrhundert plötzlich *Francia rinensis* genannt – das rheinische Franken. Damit begann eine neue Ära in der Region.

Eigentlich war die Errichtung der fränkischen Herrschaft anstelle der römischen zwar nur der Endpunkt eines gleitenden Übergangs, der bereits im 3. oder 4. Jahrhundert eingesetzt hatte. Mit ausgelöst durch den Einbruch von Reiternomaden aus Asien waren Stämme aus Ost- und Mitteleuropa in Bewegung geraten und hatten die Grenzen des Römischen Reiches bedrängt. Es ist zudem etwas unklar, ob es sich dabei um eine wirkliche «Völkerwanderung» handelte. Wahrscheinlich waren die sich am Rhein niederlassenden Franken nicht mehr als eine zahlenmäßig relativ kleine Kriegeraristokratie, die der eingesessenen Bevölkerung ihre Herrschaft aufzwang, diese aber nicht systematisch vertrieb. Darauf deuten jedenfalls archäologische Befunde, die eine weitgehende Siedlungskontinuität bezeugen. Fränkische Niederlassungen, die sich durch eine spezifische Bestattungskultur auszeichnen, entstanden oft neben bereits bestehenden Siedlungen. Auch wenn der Machtwechsel auf dem linken Rheinufer sicher von kriegerischen Unruhen und Gewalttaten gegen die Zivilbevölkerung begleitet war, kam es wohl kaum zur Ausrottung oder Vertreibung eines großen Teiles der romanisierten Einwohner durch die neuen Herren.

Dennoch bedeutete der Übergang von der römischen zur fränkischen Herrschaft einschneidende Veränderungen. Die komplizierte römische Verwaltungsstruktur brach zusammen. In der Folge verfiel dann auch zunehmend die komplexe Infrastruktur, ohne die eine arbeitsteilig organisierte Hochkultur nicht aufrechtzuerhalten war: das Netz aus befestigten römischen Handelsstraßen; die Hunderte von Kilometer langen Wasserleitungen, mit denen die Städte versorgt wurden und von deren imposanter Größe selbst die wenigen heute noch in der Eifel erhaltenen Reste einen Eindruck vermitteln können; schließlich die steinernen Großbauten in den römischen Städten selbst. Die aus dem Rechtsrheinischen eingedrungenen Franken hatten dort selbst keine Städte besessen und siedelten mit Vorliebe auf dem Land. Aber auch ihre landwirtschaftlichen Kenntnisse und Fähigkeiten waren denen der alten Herren unterlegen. Gegenüber der Römerzeit ging die Bevölkerungsdichte links des Flusses deshalb für lange Zeit beträchtlich zurück. Erst im 8. Jahrhundert begann sie langsam wieder zuzunehmen.

Das wirtschaftliche und kulturelle Entwicklungsniveau des linksrheinischen Gebiets näherte sich also im frühen Mittelalter wieder weitgehend dem auf der anderen Seite des Flusses an, von wo die Franken gekommen waren. Auch die sozialen und politischen Strukturen auf beiden Ufern waren nun zunächst weitgehend identisch. Zwischen dem 5. und dem 7. Jahrhundert umfassten die fränkischen Herrschaftsgebiete unter anderem offenbar das gesamte Territorium des heutigen Nordrhein-Westfalen. In dieser Zeit dehnten die Franken allerdings ihre Oberhoheit immer weiter nach Süden und vor allem nach Westen aus. Währenddessen gerieten die alten fränkischen Siedlungsgebiete im heutigen Westfalen zunehmend unter den Einfluss eines anderen germanischen Stammesverbunds, der Sachsen.

Die Sachsen wurden in antiken Schriftquellen zuerst als nördliche Nachbarn der Franken erwähnt. Mit der «Völkerwanderung» gerieten auch sie in Bewegung. Ein Teil ließ sich in Großbritannien nieder. Ein anderer zog nach Süden, den Franken hinterher, und verdrängte diese immer mehr von ihren alten Stammsitzen. Auch hier deuten archäologische Funde allerdings darauf hin, dass diese sächsische «Landnahme» im ehemals fränkischen Gebiet weniger den Charakter eines völligen Bevölkerungsaustauschs hatte. Eher dürften die zuwandernden Sachsen sich, wie die Franken in den romanisierten Gebieten links des Rheins, als neue Führungsschicht der alten Bevölkerung etabliert haben. Um 700 verliefen die Herrschaftsgrenzen zwischen sächsischen und fränkischen Stammesverbänden zwischen Xanten und Remagen ungefähr 50 Kilometer östlich des Rheins. Diese Grenze entsprach annähernd der zwischen den späteren preußischen Provinzen Rheinland und Westfalen.

Weil die fränkischen Reichsannalen im späten 8. Jahrhundert einen Teil der Sachsen ausdrücklich als *Westfalai* bezeichneten, galt und gilt manchen diese Zeit als Geburtsstunde eines westfälischen «Volkes» oder zumindest als Beginn westfälischer Geschichte. Das kann man so sehen, muss man aber nicht. Denn die «Westfalen» waren erstens Teil eines Stammesverbands, dessen Siedlungsgebiet sich von Großbritannien bis zur Elbe erstreckte. Kulturelle oder «ethnische» Differenzen zwischen den Teilen dieses Stammesverbands, zu dem auf dem Kontinent außer den «Westfalen» auch noch die Engern und Ostfalen gehörten, lassen sich schon angesichts der sehr dürftigen Überlieferung nicht ausmachen. Zweitens gehörten große Teile des heutigen Westfalen, darunter Paderborn und Arnsberg, offenbar nicht zum Siedlungsgebiet der «Westfalen», sondern zu dem der Engern. Im Norden siedelten die «Westfalen» dagegen bis in die Gegend von Oldenburg und Bremen.

Für das Rheinland ist ähnlich, wenn auch nicht ganz so nachdrücklich, eine Entstehung als historische Einheit im Frühmittelalter konstruiert worden. Auch im rheinischen Fall berufen sich solche Konstruktionen auf Namen in den zeitgenössischen Quellen. Dazu gehört der Name der *Francia rinensis* – die allerdings nur ein einziges Mal in der zweiten Hälfte des 5. Jahrhunderts erwähnt wird. Zudem handelte es sich dabei wohl nicht um ein geschlossenes Herrschaftsgebiet, sondern eine von mehreren Kleinkönigen beherrschte Landschaft. Später taucht dann in den frühmittelalterlichen Quellen gelegentlich der Begriff *Ripuaria* oder *Ribuaria* auf, der die landschaftliche Einheit der beiden Ufer (*ripae*) des Rheins zu suggerieren scheint. Freilich werden damit wechselnde Regionen am Rhein oder auch das ganze Gebiet von der Quelle bis zur Mündung des Flusses bezeichnet. Eine besondere Identität des Raumes zwischen Mainz oder der Moselmündung im Süden und Xanten oder Kleve im Norden lässt sich aus diesen Quellen jedenfalls kaum ableiten.

Als Teil der fränkischen Siedlungsgebiete und des vom 6. bis zum 9. Jahrhundert mehr oder weniger kontinuierlich unter einem Herrscher vereinigten Frankenreichs, das zeitweilig bis in den Norden der iberischen Halbinsel, nach Mittelitalien und bis zum Plattensee reichte, war das Rheinland zudem ebenso Teil eines größeren Verbandes, wie die sächsischen *Westfalai* es waren. Auch das spricht eher dagegen, Franken und Sachsen als «Stammväter» spezifisch rheinischer und westfälischer Identitäten zu sehen. Dafür waren nicht nur die Verhältnisse auf beiden Seiten der Siedlungsgrenze zwischen den Stammesverbänden zu ähnlich. Diese «Grenze» bildete auch bei weitem nicht eine so hohe Barriere, wie sie der Rhein während der Römerzeit dargestellt hatte. Der kulturelle und wirtschaftliche Austausch zwischen beiden Seiten war dementsprechend noch umfangreicher, als er es schon in der Antike zwischen links- und rechtsrheinischem Gebiet gewesen war. Das Rheinland und Westfalen waren eher der Ort, wo Franken und Sachsen sich begegneten und austauschten.

Einige Unterschiede freilich gab es trotz der vielen Kontakte und Gemeinsamkeiten. Die Sachsen hatten, im Gegensatz zu den Franken, keine engeren Beziehungen zu den Römern gehabt. Anders als die Franken siedelten sie auf Gebieten, die nie zum Römischen Reich gehörten. Die Franken dagegen wurden, obwohl sie zumindest anfangs Distanz zur Lebensweise der alteingesessenen romanisierten Bevölkerung links des Rheins hielten, doch in verschiedener Hinsicht vom römischen Erbe beeinflusst. Dabei spielte das Christentum eine zentrale Rolle. Während des 4. Jahrhunderts zur Staatsreligion im Römischen Reich aufgestiegen, hatte das Christentum den Zerfall des Reiches überstanden und zumindest einen Teil von dessen Traditionen konserviert. Die Christianisierung der Franken seit dem 6. Jahrhundert trug zur Wiederbelebung dieser Traditionen bei. Um 800 kam es zur sogenannten karolingischen Renaissance. Das kulturelle Leben, getragen von zahlreichen Klostergründungen, wurde lebhafter. Gleichzeitig stieg im Lebensnerv der Wirtschaft, dem Agrarsektor, die Produktion erneut an. Seit der Spätantike bewaldete Gegenden wurden wieder unter den Pflug genommen. Die Bevölkerungszahl nahm zu. Und im politischen Bereich wurde die Idee einer Herrschaft, die die ganze «zivilisierte» Welt umfassen sollte, wiederbelebt. An Heiligabend des Jahres 800 ließ sich Karl der Große in Rom zum Kaiser krönen.

Karl entstammte einer Herrscherfamilie, deren Machtbasis zwischen Rhein und Maas lag und die seit Mitte des 7. Jahrhunderts das Frankenreich von den Pyrenäen bis an die Donau regierte. Er selbst eroberte Nord- und Mittelitalien, Nordspanien, Bayern und Österreich hinzu, residierte aber meist am Rhein. Aachen wurde zu einer Art heimlichen Hauptstadt des Reiches. Hier hielt Karl sich am häufigsten auf. Hier war auch die Ausgangsbasis für das Vorhaben, das ihn fast seine ganze Regierungszeit beschäftigte: die Eroberung und Christianisierung der sächsischen Siedlungsgebiete.

Anders als die Franken hatten die Sachsen sich allen christlichen Missionierungsversuchen gegenüber resistent gezeigt. Sie hatten auch keine Monarchie nach römischem Vorbild entwickelt, sondern waren dem alten germanischen Herrschaftsmodell einer Kriegeraristokratie treu geblieben. Gegen die fränkische Invasion schlossen sie sich dennoch unter Karls Gegenspieler Widukind eng zusammen. Die militärische Unterwerfung der Sachsen dauerte schließlich mehr als dreißig Jahre. Karl schreckte vor kaum etwas zurück, um dieses Ziel zu erreichen. So gab es Zwangstaufen, Deportationen, erzwungene Umsiedlungen und Massenhinrichtungen aufständischer Sachsen – deren genaue Zahl freilich umstritten ist. Noch bevor der letzte bewaffnete Widerstand niedergekämpft worden war, wurden Bistümer zur Missionierung der Besiegten eingerichtet, allen voran Paderborn und Münster. Die Christianisierung besonders der einfachen bäuerlichen Bevölkerung dauerte freilich noch lange.

Trotz der Angliederung Sachsens an das Frankenreich blieb die um 700 entstandene Grenzlinie, die etwa der späteren Grenze zwischen den preußischen Provinzen Rheinland und Westfalen entsprach, noch lange von Bedeutung. Nach dem Tod von Karls Sohn wurde das Frankenreich 843 unter seinen Enkeln aufgeteilt. Die Grenze trennte nun für einige Jahrzehnte das Ostfränkische Reich vom Mittelreich Lotharingien. Als dieses 870 unter West- und Ostfränkischem Reich aufgeteilt wurde, entstand zunächst zwar eine neue Grenze an der Maas. Das Rheinland wurde nun auf Dauer auch Teil des Ostfränkischen Reiches, was Westfalen bereits gewesen war. Während Westfalen jedoch administrativ dem Herzogtum Sachsen zugeordnet war, gehörte das Rheinland unter Ottonen und Saliern zum Herzogtum Lothringen. Die alte Grenzlinie bildete nun die zwischen beiden Herzogtümern.

Im frühen Ostfränkischen Reich spielte besonders das Rheingebiet eine wichtige Rolle als machtpolitisches Zentrum. In Fortsetzung der karolingischen Tradition ließ Otto I., obwohl sächsischer Herkunft, sich in fränkischer Tracht 936 in Aachen zum König krönen. Ottos Bruder Bruno wurde Erzbischof von Köln und Herzog von Lothringen. Mit der Ausdehnung des Reiches nach Osten und Süden verlor sich jedoch zunehmend der Charakter des Rheins als seiner wichtigsten Achse. Seit Otto I. ließen sich die Könige in Rom zum Kaiser krönen. Unter den staufischen Kaisern verlagerte sich der Schwerpunkt des

Reiches während des 12. und 13. Jahrhunderts nach Italien, später mit den Habsburgern in den Südosten. Auch die Herzogtümer verloren an Bedeutung, und mit ihnen die Grenzlinie zwischen Westfalen und dem Rheinland. Ein Prozess des Machtgewinns kleinerer feudaler Herrschaften setzte ein.

Allerdings kann man in dieser Entwicklung kaum eine Verfallsgeschichte oder einen Niedergang sehen, wie es eine nationalstaatlich orientierte Geschichtsschreibung im 19. und noch im größten Teil des 20. Jahrhunderts getan hat. Denn das hochmittelalterliche Reich war kein zentralisierter Einheitsstaat, sondern ein loser feudaler Herrschaftsverband. Die Machtverteilung zwischen Kaiser, Herzogtümern und kleineren Feudalherren war in diesem Verband nie normativ festgelegt, sondern ständig im Fluss. Während im Süden und Osten des Reiches die Kaisergewalt und größere territoriale Einheiten wie die Herzogtümer zur Grundlage einer Intensivierung von Verwaltung und herrschaftlicher Durchdringung wurden, gelang dies im Westen, und damit auch im Rheinland und in Westfalen, eher den kleineren Herren. Das hatte unter anderem damit zu tun, dass die Westgrenze des Reiches seit dem Hochmittelalter relativ stabil blieb. Von größeren kriegerischen Auseinandersetzungen, die anderswo eine Bildung größerer Herrschaftseinheiten begünstigten, wurde die Region lange verschont. So kam es zwischen Hochmittelalter und früher Neuzeit zu einer politischen Fragmentierung der Region.

4. Grenzziehungen: Politik und Herrschaft

Unter den mehreren Dutzend Herrschaftsgebieten, die zwischen dem 13. und dem 18. Jahrhundert dem politischen Bild der Region den Charakter eines buntscheckigen Flickenteppichs gaben, hatten religiöse Territorien große Bedeutung. Vom Gebiet des heutigen Westfalen wurde damals mehr als die Hälfte durch kirchliche Landesherren beansprucht. Dazu gehörten die von Karl dem Großen gegründeten Bistümer Paderborn und Münster. Der Bischof von Münster verfügte sogar unter den Territorialherren, deren Residenz im heutigen Nordrhein-Westfalen lag, über das meiste Land. Allerdings befand sich ein beträchtlicher Teil seines Herrschaftsgebiets, das sich vom Nordufer der Lippe bis fast nach Oldenburg und Ostfriesland erstreckte, außerhalb der Grenzen des heutigen Bundeslands. Neben dem kleineren Bistum Minden gehörte auch ein sogenanntes «Herzogtum Westfalen», das allerdings nur aus dem Gebiet um Arnsberg herum bestand, zu einem geistlichen Territorium: Es war dem Kölner Erzbischof unterstellt. Dessen zentrales Einflussgebiet erstreckte sich entlang des linken Rheinufers zwischen Neuß und Bonn.

Eingerahmt wurde das Gebiet des Kölner Erzbistums von den zwei größten weltlichen Territorien der Region: Im Westen regierten bis zur Maas die Herzöge von Jülich; am östlichen Rheinufer herrschten, von der Mündung der Ruhr bis zu der der Sieg, die Grafen von Berg. Seit dem späten 14. Jahrhundert nannten sie sich ebenfalls Herzöge und residierten in Düsseldorf. Am nördlichen Niederrhein bildeten die Grafen von Kleve ein Herrschaftsterritorium, das zunächst freilich einiges kleiner war als Jülich und Berg. Seit dem 15. Jahrhundert, als es ihnen ebenfalls gelang, in den Herzogstand erhoben zu werden, konnten sie ihre Macht dann jedoch beträchtlich ausbauen.

Während im Rheinland also die Bedeutung weltlicher Herren groß war, wenn man von dem allerdings sehr einflussreichen Kölner Erzbischof und dem kleinen Stift Essen absieht, spielten diese in Westfalen eher eine untergeordnete Rolle. Die territorial ausgedehnteste weltliche Herrschaft war hier die sauerländische Grafschaft Mark. Die größte Kontinuität im Hinblick auf Herrscherfamilie und Territorium genossen dagegen die Grafen (später Fürsten) von Lippe. Auch die Grafschaft Tecklenburg, die freilich nur zum Teil auf dem Gebiet des heutigen Nordrhein-Westfalen lag, erfreute sich einer langen dynastischen Kontinuität. Daneben waren zeitweilig noch die Grafen von Ravensberg und Wittgenstein von einiger Bedeutung. Selbst damit sind freilich nur die langfristig bedeutenderen aus einer verwirrenden Vielfalt von Herrscherfamilien und Territorien genannt.

An Versuchen, die Region politisch unter einer einzigen Herrschaft zu vereinigen, hat es zwischen spätem Mittelalter und Französischer Revolution nicht gefehlt. Die ersten Versuche dazu gingen vom größten geistlichen Territorium aus, dem Erzbistum Köln. Der Kölner Bischof besaß nicht nur den konkurrenzlos höchsten Status unter den kirchlichen Würdenträgern des Rheinlands und Westfalens. Er residierte auch in der bevölkerungsreichsten Stadt. Überdies hatte der Inhaber der Kölner Erzbischofswürde seit dem 9. Jahrhundert, als der Bruder Ottos I. Herzog von Lothringen gewesen war, wiederholt höchste Ämter in der Hierarchie des Reiches ausgeübt. Und als sich seit dem 13. Jahrhundert im Reich das Kollegium der Kurfürsten ausbildete, dessen Mitglieder das Recht der Königswahl besaßen, gehörten die Kölner Bischöfe dazu.

Geistliche Territorien wie das Kurfürstentum Köln konnten zudem nicht durch Erbteilungen, wie sie in den weltlichen Herrschaften bis ins 14. Jahrhundert üblich waren, zersplittert und geschwächt werden. Zwar gelang es einzelnen Adelsfamilien vielfach, ihre Angehörigen über längere Zeit immer wieder zu Bischöfen desselben Bistums wählen zu lassen. Das Prinzip der Bischofswahl verhinderte aber in der Regel, dass die Einheit der geistlichen Herrschaftsgebiete durch Erbfolge gefährdet wurde. Aus demselben Grund waren sie auch nicht wie die weltlichen Territorien durch das Aussterben von Dynastien in ihrer Existenz bedroht. Im Gegenteil profitierten besonders die Kölner Erzbischöfe bei ihrer territorialen Machtpolitik häufig von Erbfolgestreitigkeiten in den weltlichen Herrschaften.

So gelang es Erzbischof Engelbert Anfang des 13. Jahrhunderts zeitweilig, als Verweser der Grafschaft Berg eine Landbrücke zwischen den rheinischen und westfälischen Teilen des kurkölnischen Herrschaftsbereichs herzustellen. Gerade die Machtzusammenballung in den Händen Engelberts und seiner Nachfolger im Amt des Kölner Bischofs provozierte freilich auch eine Gegenbewegung. In der Schlacht von Worringen wurde 1288 der kurkölnische Expansionsdrang vorerst gestoppt. In einem der blutigsten Waffengänge des Mittelalters fügten die vereinigten Truppen von Berg, Jülich, Mark, Tecklenburg und noch einigen anderen weltlichen Herrschaften dem erzbischöflichen Heer eine herbe Niederlage zu. Die Schlacht von Worringen ermöglichte auch der Stadt Köln, die seit langer Zeit um ihre Unabhängigkeit kämpfte, die bischöfliche Oberhoheit abzuschütteln. Gemeinsam mit Aachen und Dortmund fügte Köln seitdem als freie Reichsstadt dem buntscheckigen politischen Erscheinungsbild der Region noch weitere Farbtupfer hinzu.

Noch einmal spielte das Selbstbewusstsein der wohlhabenden Einwohner einer Handelsstadt eine Rolle bei der Erschütterung der Dominanz Kurkölns, als im 15. Jahrhundert das im kölnischen Herzogtum Westfalen gelegene Soest gegen die bischöfliche Herrschaft aufbegehrte. Der Konflikt verband sich mit dem Bemühen des Kölner Erzbischofs, das zweite große geistliche Territorium der Region, das vakant gewordene Bistum Münster, unter seinen Einfluss zu bringen. Auch dieser erneute Griff Kurkölns nach der politischen Hegemonie scheiterte am Widerstand weltlicher Herrscher. Hauptsächlicher Gegenspieler des Kölner Kurfürsten war dabei das vereinigte Herzogtum Kleve-Mark, an das der Erzbischof der Domstadt die Stadt Soest und ihr Umland schließlich abtreten musste.

In der frühen Neuzeit waren es dann nur noch weltliche Herrscher, die eine dominante Stellung in der Region gewinnen konnten. Das lag auch daran, dass seit etwa 1400 in den meisten weltlichen Territorien Erbteilungen kaum noch stattfanden. Stattdessen hatte sich das Recht des erstgeborenen Sohnes auf die Herrschaftsnachfolge (Primogenitur) durchgesetzt. Mit der Primogenitur fiel ein wesentliches Handicap der weltlichen gegenüber den geistlichen Territorien weg. Zudem konnten weltliche Herrscher durch geschickte Heiratspolitik ihren Einflussbereich ausdehnen. Für bischöfliche Landesherren war das nicht ohne weiteres möglich. Die Tendenz ging daher ab dem späten 14. Jahrhundert in Richtung einer Konzentration von immer mehr Macht in den Händen immer weniger weltlicher Herrscher, wie schon die Vereinigung von Kleve und Mark illustrierte.

Darüber hinaus machte auch das Prinzip der Bischofswahl es langfristig schwer, geistliche Herrschaft auszuweiten. Das Fehlen dynastischer Tradition und Legitimation erschwerte den Bischöfen die Durchsetzung ihrer Autorität gegenüber den Ständevertretungen, die sich in Reaktion auf den wachsenden Finanzbedarf der Territorialherren bildeten. Neben den immer selbstbewusster auftretenden Städten galt das besonders für den landständischen Adel. Aus dessen Reihen rekrutierten sich aber größtenteils die fürstlichen Verwaltungseliten und die Domkapitel, also gerade diejenigen Körperschaften, die die Bischöfe wählten. Die Macht geistlicher Herrscher wurde im Innern der Territorien deshalb auf Dauer wesentlich mehr durch ständischen Einfluss begrenzt als die ihrer weltlichen Gegenspieler.

Schließlich schwächte auch die Reformation die geistlichen Territorien und ihre Herrscher. Zwar setzte sich im Rheinland und in Westfalen der Protestantismus nur im Bistum Minden durch, was schließlich zu dessen Säkularisierung und Umwandlung in ein weltliches Fürstentum führte. Doch die Reformation gab letzten Endes auch in katholisch bleibenden Gebieten dem Gedanken einer Trennung von kirchlicher Seelsorge und weltlicher Macht Auftrieb. Als die geistlichen Territorien in der Region nach der Französischen Revolution Anfang des 19. Jahrhunderts schließlich aufgelöst wurden, regte sich dagegen kaum noch Widerspruch.

Aus all diesen Gründen waren es zunehmend weltliche Herrscher, die schon während der frühen Neuzeit die Politik in der Region dominierten. Im späten Mittelalter war es neben der Vereinigung von Kleve und Mark auch bereits zu einem Zusammenschluss von Berg, Jülich und Ravensberg unter einem Herrscherhaus gekommen. Mit der Heirat der Erben von Jülich-Berg und Kleve-Mark an der Wende vom 15. zum 16. Jahrhundert entstand dann ein Länderkomplex, der die wichtigsten weltlichen Territorien der Region und fast die Hälfte der Fläche des heutigen Nordrhein-Westfalen umfasste. Für einige Jahrzehnte sah es tatsächlich so aus, als ob damit eine Herrschaft entstanden sei, die im Nordwesten des Reiches und sogar darüber hinaus eine wichtige politische Rolle spielen könnte. Im Gefolge der Reformation sahen sich die Herzöge von Jülich-Kleve-Berg von katholischen und protestantischen Mächten innerhalb wie außerhalb der Reichsgrenzen umworben. Doch weder gelang es ihnen, im Innern aus den ererbten Landesteilen einen wirklich einheitlichen Staat zu formen, noch konnten sie sich im Konzert der Großen behaupten. Der habsburgische Kaiser erzwang im Vertrag von Venlo 1543 nicht nur den Verzicht Jülich-Kleve-Bergs auf das ihm durch Erbfall eigentlich zustehende Herzogtum Geldern in den heutigen Niederlanden, sondern auch den Verbleib im katholischen Lager. Damit waren alle Träume von selbstständiger Machtpolitik aus der Region heraus weitgehend ausgeträumt.

1609 starb der letzte Herzog von Jülich-Kleve-Berg schließlich ohne einen Erben und hinterließ ein politisches Vakuum. In dieses Vakuum stießen nun politische Kräfte von außerhalb. Aus dem juristisch, diplomatisch und militärisch geführten Streit um die Erbmasse des Herzogs, der ein gutes halbes Jahrhundert andauerte, gingen zwei externe Akteure als Sieger hervor: das Haus Hohenzollern und das Haus Wittelsbach. Der Schwerpunkt der Macht der protestantischen Hohenzollern lag östlich der Elbe, in Brandenburg und Ostpreußen. Im 17. Jahrhundert gelang es ihnen mit dem Erwerb von Kleve, Mark und Ravensberg, auch weiter westlich Fuß zu fassen. Daneben erwarben sie auch säkularisierte Bistümer wie Minden. Später rundeten die Hohenzollern ihren Herrschaftsbereich am Rhein und in Westfalen noch durch Geldern und Tecklenburg ab.

Jülich und Berg gingen dagegen an den Zweig der katholischen Wittelsbacher, dessen Stammsitz in Neuburg lag. Die Dynastie besaß auch das Fürstentum Zweibrücken. Später kamen durch Erbfall noch die Kurpfalz und das Kurfürstentum Bayern dazu. Angehörige der Familie stellten über lange Strecken des 17. und 18. Jahrhunderts zudem die Bischöfe von Köln und Münster. Damit entwickelte sich auf dem Gebiet des heutigen Nordrhein-Westfalen machtpolitisch geradezu ein regionaler Dualismus: Von Lippe und einigen kleineren Territorien abgesehen, stand die gesamte Region unter der Herrschaft entweder der Hohenzollern oder der Wittelsbacher.

Dieser Gegensatz zwischen Hohenzollern und Wittelsbachern belastete eine Institution, die sonst vielleicht für die politischen

Kräfte in der Region ein einigendes Band hätte sein können: den Niederrheinisch-Westfälischen Reichskreis. Er wurde in den Jahren um 1500 als einer von schließlich zehn Kreisen gegründet, die ursprünglich nur ein Forum für eine stärkere Beteiligung der einzelnen Territorien an der Verwaltung des Deutschen Reiches sein sollten. Sehr bald übernahmen die Reichskreise jedoch auch militärische Aufgaben. Insbesondere sollten sie die Finanzierung oder Aufstellung von Militärkontingenten gegen innere und äußere Feinde übernehmen. Der Niederrheinisch-Westfälische Reichskreis umfasste nahezu das gesamte Gebiet des heutigen Nordrhein-Westfalen, mit Ausnahme der kurkölnischen Gebiete. Zusätzlich gehörten auch Teile des heutigen Niedersachsen, von Belgien und von Rheinland-Pfalz zu seinem Einzugsbereich. Bei Konflikten, bei denen die Territorien der Region auf verschiedenen Seiten standen, erwies sich der Niederrheinisch-Westfälische Reichskreis allerdings als handlungsunfähig. Das zeigte sich etwa im Dreißigjährigen oder im Siebenjährigen Krieg. Und als nach 1789 mit dem revolutionären Frankreich ein externer Akteur neuen Typs auf der Bildfläche erschien, hatte die schwerfällige Organisation des Kreises dem schlagkräftigen französischen Volksheer nichts entgegenzusetzen.

Bereits 1794 hatten die Franzosen sich faktisch auf dem gesamten linken Rheinufer festgesetzt, auch wenn diese einseitige Landnahme erst einige Jahre später vertraglich legitimiert wurde. Mit der völligen Auflösung des Deutschen Reiches veränderten sich zwischen 1803 und 1806 dann auf der rechten Rheinseite ebenfalls die Verhältnisse in atemberaubendem Tempo. Die geistlichen Territorien wurden aufgelöst. Davon profitierte zunächst vor allem Brandenburg-Preußen, das die Bistümer Münster und Paderborn seinem Herrschaftsbereich einverleiben konnte. Die Wittelsbacher, die während des 18. Jahrhunderts den Schwerpunkt ihrer Herrschaft bereits immer weiter nach Süddeutschland verlegt hatten, tauschten Berg gegen eine Abrundung ihrer bayerischen Territorien und verabschiedeten sich damit endgültig aus dem Rheinland. Berg wurde unter Napoleons Schwager Murat ein Satellitenstaat Frankreichs.

Der Dualismus zwischen preußischen Hohenzollern und Wittelsbachern schien damit kurzfristig von einem neuen Dualismus zwischen Preußen und Frankreich abgelöst zu werden. Doch der erneute Ausbruch von Feindseligkeiten zwischen den Kontrahenten 1806 und die vernichtende Niederlage Preußens veränderten die Lage noch einmal erneut grundlegend. Für einige Jahre etablierte sich nun eine französische Hegemonie in der Region. Das linke Rheinufer gehörte als Teil des Kaiserreichs Frankreich zu Napoleons Herrschaftsgebiet. 1810 wurden auch noch der nördliche Niederrhein und Teile Westfalens zu Frankreich geschlagen. Verwandte Napoleons regierten rechts des Rheins in Berg und im neu geschaffenen Königreich Westfalen. Zu diesem gehörten vom heutigen Westfalen Paderborn und Ravensberg; hauptsächlich lag das Territorium des Königreichs aber zwischen Weser und Elbe. Lippe und Hessen-Nassau, dem die Gegend um Arnsberg zugeschlagen wurde, waren als Teil des Rheinbunds eng mit Frankreich verbündet. Zum ersten Mal seit dem hohen Mittelalter war die Region damit mehr oder weniger einem einheitlichen politischen Willen unterworfen. Zur fast vollständigen politischen Vereinigung kam es jedoch erst 1815, als im Zuge der Neuordnung Europas nach den napoleonischen Kriegen auf dem Wiener Kongress das Rheinland und Westfalen in ihrer Gesamtheit Preußen zugesprochen wurden.

5. Grenzüberschreitungen: Wirtschaft und Kultur

Bis ins frühe 19. Jahrhundert fehlte der Region also die politische Einheit. Durch das Gebiet des heutigen Nordrhein-Westfalen verliefen zahlreiche Herrschaftsgrenzen. Doch diese Grenzen waren nicht nur immer wieder der Veränderung unterworfen. Sie wurden auch beständig überschritten: durch kulturelle Austauschprozesse und vor allem durch Wirtschaftsbeziehungen, die die einzelnen Territorien miteinander und mit dem weiteren Umland verbanden. Zwar waren diese Beziehungen im Vergleich zu heute relativ schwach ausgeprägt. Die große Mehrheit der Menschen versorgte sich größtenteils mit Gütern aus ihrem unmittelbaren Umfeld. Handel ergänzte die vorherrschende Subsistenzwirtschaft ganz überwiegend auf lokaler Ebene. Es gab aber schon im Hochmittelalter einige Güter des täglichen Bedarfs, die wie während der Römerzeit in größeren Mengen regional oder sogar überregional gehandelt wurden.

Das gilt etwa für den Handel mit Salz. Am Hellweg gab es zwischen Dortmund und Paderborn, vor allem bei Werl, eine Reihe von Salinen. Einige davon blieben vom 9. bis zum 20. Jahrhundert in Betrieb. Von hier aus wurden große Teile der Region mit Salz versorgt. Auch Keramik aus bestimmten regionalen Produktionsstätten fand weite Verbreitung. Töpfereiprodukte aus Pingsdorf bei Brühl wurden im Hochmittelalter sogar in Skandinavien und England abgesetzt. Eher der Deckung eines gehobenen Bedarfs zahlenmäßig kleiner städtischer Oberschichten diente der Import von Gewürzen aus dem Mittelmeerraum. Von der Ostsee her kamen, wie schon in der Antike, Bernstein und Pelze in die Region. Ausgeführt wurden vor allem Metalle und Natursteine. In Köln und Aachen gab es während des Mittelalters auch ein exportorientiertes Textilgewerbe. Verglichen mit der Produktion der benachbarten flandrischen Städte im heutigen Belgien war dessen Bedeutung allerdings nicht sehr groß und ging in der frühen Neuzeit noch weiter zurück.

Von wirtschaftlicher Bedeutung über die Region hinaus waren das Rheinland und Westfalen denn auch nicht so sehr als Gewerbelandschaft, sondern vielmehr als Drehscheibe des überregionalen Handels. Einige der wichtigsten Handelswege des mittelalterlichen und frühneuzeitlichen Europa kreuzten sich hier. Zu nennen ist dabei natürlich zuerst der Rhein. Bei Köln überschnitt er sich mit der Handelsroute, die von Brügge in Flandern über Frankfurt, Nürnberg und Salzburg nach Venedig – und von dort weiter ins östliche Mittelmeer und den Nahen Osten – verlief. Nicht weniger bedeutend war der Hellweg, der von Duisburg ausgehend Dortmund, Soest und Paderborn berührte. Auf der Wasserscheide zwischen Ruhr und Lippe verlaufend, hatte er schon in der Römerzeit und erneut seit Karl dem Großen nicht nur als militärische Aufmarschstraße gedient: An den Hellweg schlossen sich auch lange Zeit die zentralen Handelsrouten an, die vom Rhein nach Osteuropa und Skandinavien führten. Allerdings verloren die Handelsstädte am Hellweg an Bedeutung, seit im 12. Jahrhundert das neu gegründete Lübeck den Großteil des Ostseehandels an sich zog. Insbesondere galt das für das weit östlich gelegene Paderborn. Diesem lief nun Münster, am kürzesten Weg zwischen Köln und Lübeck gelegen, zunehmend den Rang ab. Ab dem 16. Jahrhundert richteten sich die überregionalen Handelsströme zudem neu aus: Während der Ostseehandel sich zurückentwickelte, wuchs der Umfang des wirtschaftlichen Austauschs mit den Niederlanden und Großbritannien. Das führte zu weiterem Bedeutungsverlust der Hellwegstädte. Allein Dortmund wusste sich durch eine Umorientierung auf den Handel mit England und den Niederlanden einigermaßen zu behaupten. Vor allem aber profitierten erneut Münster und insbesondere Köln von den veränderten Verhältnissen.

Die Domstadt am Rhein war in Mittelalter und früher Neuzeit die unbestrittene Handelsmetropole der Region, mit überregionalen Verbindungen in alle Himmelsrichtungen. Hier liefen nahezu alle Handelsrouten zusammen. Die entscheidende Grundlage der Kölner Spitzenstellung war freilich der Warenverkehr über den Fluss. Vom 13. bis zum frühen 19. Jahrhundert konnte die Stadt das Stapelrecht durchsetzen: Alle Waren, die Köln auf dem Rhein passierten, mussten dort ausgeladen werden. Die Besitzer mussten sie entweder auf den Märkten der Stadt zum Verkauf anbieten oder mit kölnischen Schiffen weitertransportieren lassen. Die Durchsetzung des Stapelrechts war eindrucksvolles Zeugnis der Sonderstellung der Domstadt. Eine vergleichbare Bestimmung gab es sonst nur in Minden. Dort wurde das Stapelrecht freilich erst im 16. Jahrhundert etabliert. Die Pflicht zum Angebot von Waren auf dem städtischen Markt galt in Minden zudem nur für Getreide und Holz.

Vor allem das Marktwesen der rheinischen Städte wurde bereits seit dem hohen Mittelalter regional und überregional koordiniert. Seit dem 12. Jahrhundert stimmten Köln, Aachen,

Duisburg und Utrecht die Termine der städtischen Märkte und Messen untereinander ab. Dieses System von Absprachen über die Termine der großen Jahrmärkte, in das bald auch die größeren westfälischen Städte mit einbezogen wurden, blieb im gemeinsamen Interesse von Händlern und Konsumenten bis ins 19. Jahrhundert erhalten. Die für die Region hauptsächlich relevanten Messen verlagerten sich dagegen in Spätmittelalter und früher Neuzeit nach Frankfurt am Main und Antwerpen. Daneben behielt allein Köln seinen Rang als wichtige Messestadt.

Die Domstadt spielte auch eine zentrale Rolle in einer weiteren überregionalen Handelsorganisation, nämlich der Hanse. An ihrer Entstehung im 12. und 13. Jahrhundert hatten Kölner Kaufleute, aber auch Händler aus westfälischen Städten großen Anteil. Als ein mehr oder weniger enger Zusammenschluss von mitteleuropäischen Handelsstädten regulierte die Hanse während des Spätmittelalters den wirtschaftlichen Austausch ihrer Mitglieder mit England, Skandinavien und dem gesamten Ostseeraum. Im Gebiet des heutigen Nordrhein-Westfalen gab es über hundert Orte, die zu irgendeinem Zeitpunkt eine Mitgliedschaft in der Hanse zumindest beanspruchten. In Westfalen kam dabei Münster, Soest und Dortmund eine führende Position zu. Diese vertraten die übrigen Städte auf Hansetagen. Im Rheinland waren dagegen alle Mitglieder der Hanse – darunter Köln, Neuß, Duisburg und Wesel – wenigstens nominell gleichberechtigt. Tatsächlich hatte Köln jedoch hier von jeher den Vorrang. Zeitweilig beanspruchte die Domstadt sogar eine Führungsposition über die westfälischen Hansestädte.

Seit dem 16. Jahrhundert ging der Einfluss der Hanse zurück. Mit ihr sank auch die Bedeutung der Region als Drehscheibe überregionalen Handels. An den Aufschwung des verarbeitenden Gewerbes, der in Nordwesteuropa einsetzte und vor allem in Großbritannien schließlich in die Industrialisierung münden sollte, fanden zumindest die traditionellen Handelsstädte des Rheinlands und Westfalens nur wenig Anschluss. Köln und Aachen verloren immer mehr ihren Charakter als regionale Zentren der Textilproduktion. Diese verlagerte sich zunehmend ins Bergische Land, nach Ostwestfalen, in die Münsteraner Gegend und an den Niederrhein. Im 18. Jahrhundert erlebte besonders das exportorientierte Krefelder Seidengewerbe einen starken Aufschwung. Im Wuppertal florierte dagegen die Verarbeitung von Baumwolle. Auch die Produkte der Textilbetriebe in Barmen und Elberfeld wurden teilweise exportiert, etwa nach Frankreich oder in die Niederlande.

Neben Textilien spielte während der frühen Neuzeit weiterhin die Metallverarbeitung eine wichtige Rolle im Gewerbe der Region. Dabei gab es eine starke lokale Konzentration auf bestimmte Produkte. So wurde im Aachener Raum Messing erzeugt, im Siegerland wie seit Jahrhunderten vor allem Eisen. Zunehmend lief die preußisch gewordene Grafschaft Mark dem Siegerland freilich den Rang als Pionier in der regionalen Eisenherstellung ab. Hier entstanden im 18. Jahrhundert bereits erste frühindustrielle Produktionsstrukturen. Ähnlich war die Entwicklung in Teilen des Bergischen Landes. Vor allem die Solinger Messerfabrikation und die Werkzeugherstellung in Remscheid erreichten einen hohen Standard. Bergische und märkische Eisenwaren gehörten ebenfalls zu Produkten der Region, die vielfach exportiert wurden, im 18. Jahrhundert sogar nach Übersee.

Unter dem Strich blieb die gewerbliche Entwicklung des Rheinlands und Westfalens in der frühen Neuzeit allerdings hinter den benachbarten Gebieten zurück. Das gilt vor allem im Vergleich mit den Niederlanden. Dieses Entwicklungsgefälle führte seit dem 17. Jahrhundert zu einem weiteren, die Grenzen der Region überschreitenden wirtschaftlichen Austausch – nun allerdings nicht von Waren, sondern von Personen. Die durch Rationalisierung in der rheinischen und westfälischen Landwirtschaft freigesetzten Arbeitskräfte, die wegen der langsamen Entwicklung des Gewerbes dort in manchen Teilen der Region auch keine Stelle finden konnten, verdingten sich während der Erntezeit als Saisonarbeiter in den Niederlanden. Noch bis ins späte 19. Jahrhundert gingen Tausende jedes Jahr als «Hollandgänger» für einige Monate über die Grenze. Angesichts der dort gezahlten höheren Löhne bot das für kleinbäuerliche und Pächterfamilien eine Möglichkeit, Not und Hunger zu lindern.

Strukturelle und konjunkturelle Krisen im Agrarbereich ließen sich damit individuell abfedern. Erst mit dem Durchbruch der Industrialisierung im Rheinland und in Westfalen wurde die «Hollandgängerei» Vergangenheit.

Neben wirtschaftlichen gab es auch kulturelle Grenzüberschreitungen und Kontakte. Deren Umfang ist allerdings wesentlich schwieriger zu bestimmen als der der Wanderung von Personen oder des Austauschs von Gütern. Die Beeinflussung von Künstlern durch regionale und überregionale Kontakte und Vorbilder ist schon im Mittelalter sehr deutlich nachzuweisen, vor allem in der Architektur und Ausstattung von Kirchen. Unzweifelhaft gibt es eine enge Verwandtschaft etwa zwischen den Tafelbildern, Skulpturen und Grundrissen vor allem von Kölner Kirchen und Kirchen in Westfalen. Umstritten war freilich lange Zeit, wer dabei wen stärker beeinflusst hat. In der neueren kunsthistorischen Forschung werden dagegen diese offensichtlich von Regionalstolz befeuerten Debatten als weitgehend unergiebig betrachtet – zumal die darin thematisierten Streitfragen angesichts der dürftigen Quellenlage kaum empirisch zu beantworten sind. Stattdessen werden, neben der pauschalen Annahme einer wechselseitigen Befruchtung, vielfach Einflüsse von außerhalb der Region betont. Diese dürften in der Regel aus Frankreich über Köln vermittelt worden sein.

Wie demnach in der Kunst und im Handel hat Köln offensichtlich auch in der regionalen Bildungslandschaft während Spätmittelalter und früher Neuzeit eine herausgehobene Rolle gespielt. Lange Zeit war die 1388 gegründete Kölner Universität die einzige in der Region. Im 17. Jahrhundert entstanden zwar auch in Paderborn und Duisburg Universitäten. Diese erreichten jedoch nie die Bedeutung von Köln. Erst im späten 18. Jahrhundert wurden in Bonn und Münster Universitäten gegründet, die sich mit der in Köln messen konnten, ja ihr tatsächlich den Rang abliefen.

Jahrhundertelang zog die Kölner Universität daher eine große Anzahl von Studenten von außerhalb der freien Reichsstadt an. Das Fehlen von Landesuniversitäten in den meisten Territorien der Region begünstigte solche Grenzüberschreitungen. Nach

Ausweis der Kölner Immatrikulationsverzeichnisse stammte die Mehrheit der Studierenden dort zwischen dem späten 14. und der Mitte des 16. Jahrhunderts von außerhalb der freien Reichsstadt. Besonders viele kamen natürlich aus dem Rheinland. Aus dem Gebiet des heutigen Westfalen stammten in dieser Zeit im Durchschnitt etwa 20 Prozent der Kölner Studenten.

Parallel zur Einbindung vieler Gebiete in den Herrschaftsbereich externer Dynastien nahm seit dem 17. Jahrhundert auch die überregionale Mobilität der Studenten zu. So studierten Untertanen der Hohenzollern aus Kleve und Mark nicht selten in Halle. Für «Landeskinder» der in Jülich-Berg regierenden Wittelsbacher lag die Aufnahme eines Studiums im ebenfalls wittelsbachischen Heidelberg nahe. Aber auch die Göttinger Universität war für Studierende aus Westfalen und dem Rheinland attraktiv.

Solche Grenzüberschreitungen, sei es innerhalb der Region oder über sie hinaus, haben den Beteiligten sicherlich neue Horizonte erschlossen. Allerdings darf man nicht vergessen, dass die Zahl der Studierenden verglichen mit modernen Verhältnissen damals sehr klein war: Selbst zu den besten Zeiten der alten Kölner Universität zählte diese selten mehr als 500 eingeschriebene Studenten. Eine akademische Ausbildung war zudem zwar häufiger als heute, aber keineswegs immer mit einem Ortswechsel verbunden. Und selbst wenn solche Grenzüberschreitungen vorgenommen wurden, konnten gerade sie durchaus auch mentale Abgrenzungen und Grenzziehungen bewirken.

Ein Beispiel dafür bietet der aus dem Münsterland gebürtige Werner Rolevinck, der als Kartäusermönch während des 15. Jahrhunderts lange in Köln lebte. Rolevinck verfasste ein Buch zum «Lob des alten Sachsenlands, das nun Westfalen genannt wird», in dem er auch die Lage der westfälischen Studenten in der Domstadt kommentierte. Seine positive Identifikation mit Westfalen als einem «Land der Recken statt der Reben» (*terra non vinifera sed virifera*) war deutlich geprägt von dem Bemühen einer Absetzung und Abgrenzung gegenüber den linksrheinischen Gebieten. Interessanterweise sind für diese in Spätmittelalter und früher Neuzeit kaum vergleichbare regionale Identitätskonstruktionen nachweisbar, wie sie bei Rolevinck und einigen weiteren Autoren bis ins frühe 19. Jahrhundert hinein für Westfalen zu finden sind.

«Westfalen» war in diesen Konstruktionen nicht identisch mit dem relativ kleinen rechtsrheinischen Territorium gleichen Namens am Oberlauf der Ruhr, das zu Kurköln gehörte. Es handelte sich vielmehr um einen Oberbegriff, der mehrere Territorien verschiedener Herrschaftszugehörigkeit zusammenfasste, ja oft von politischen Kategorien sogar ganz absah. Bei den Konstruktionen einer vormodernen «westfälischen» Identität handelte es sich also ebenfalls um eine Grenzüberschreitung. Der Westfalen-Begriff war im Wesentlichen kulturell, über vermeintliche Eigenschaften von Menschen und Landschaft definiert. Aber auch kartographisch schlug er sich nieder. Wie im Fall des Gebiets der *Westfalai*, das in den karolingischen Reichsannalen des 8. Jahrhunderts erwähnt wird, deckt sich der von Rolevinck und anderen mehr oder weniger geteilte vormoderne literarische Westfalen-Begriff allerdings zumindest geographisch nicht mit dem heutigen. Denn als westfälische Grenzen galten hier meist der Rhein, die Weser und die Nordsee. Düsseldorf, Duisburg, Oldenburg, aber auch heute zu den Niederlanden gehörende Orte wurden so vielfach als Teil Westfalens gesehen.

II. Preußens «wilder Westen»: Westfalen und das Rheinland 1815–1945

1. Preußen und seine Westprovinzen

Erst auf dem Wiener Kongress wurden politische Grenzen vereinbart, die die Konzepte regionaler Identität bis heute prägen. Die Bildung einer preußischen Provinz Westfalen veränderte die früheren Vorstellungen von westfälischer Identität und machte sie eindeutig. Für das Rheinland gilt das erst recht: Hier wurde ein Zusammengehörigkeitsgefühl eigentlich erst durch die Gründung der preußischen Rheinprovinz geschaffen. Dabei wäre es zu dieser beinahe gar nicht gekommen. Denn die in Berlin regierenden Hohenzollern, deren Herrschaftsgebiete seit dem frühen 19. Jahrhundert offiziell den Namen Preußen trugen, schufen auf dem Gebiet der späteren Rheinprovinz 1815/16 zunächst zwei Verwaltungseinheiten. Eine davon bestand hauptsächlich aus den früheren Herrschaften Jülich und Kurtrier. Die zweite fasste im Wesentlichen die Territorien der ehemaligen Herzogtümer Kleve und Berg mit den direkt am Rhein gelegenen Teilen Kurkölns zusammen. Erst in den 1820er Jahren wurden diese beiden Provinzen Kleve-Berg und Niederrhein zur Rheinprovinz zusammengelegt.

In den Grenzen der preußischen Westprovinzen Rheinland und Westfalen war fast der gesamte Raum des heutigen Nordrhein-Westfalen politisch zum ersten Mal vereinigt. Von den mehr als drei Dutzend Territorien, die es in der Region gegeben hatte, bevor die Erschütterungen im Gefolge der Französischen Revolution grundlegende Änderungen brachten, konnte nur das Fürstentum Lippe seine Unabhängigkeit über 1815 hinaus bewahren. Erst 1946/47 sollte es in Nordrhein-Westfalen aufgehen. Von Lippe abgesehen, entsprach die Ostgrenze der preußischen Provinz Westfalen bereits der des heutigen Bundeslands. Auch im Norden und Westen deckten sich die Grenzen des preußischen Herrschaftsgebiets 1815 weitgehend mit denen Nordrhein-Westfalens. Nur im Westen kam es nach Erstem und Zweitem Weltkrieg zu kleineren Gebietskorrekturen. Die bedeutendste dieser Grenzveränderungen war die Abtretung von Eupen und Malmedy an Belgien 1920. Allein im Süden erstreckte sich die preußische Herrschaft wesentlich weiter als das heutige Nordrhein-Westfalen: Zur Rheinprovinz gehörten auch die Südhänge der Eifel, die Mosel, der Hunsrück und das Saarland. Hier grenzte Preußen direkt an Frankreich. Nicht zuletzt deshalb waren den Hohenzollern auf dem Wiener Kongress die rheinischen Gebiete zugesprochen worden. Denn Preußen sollte hier «die Wacht am Rhein» gegenüber Frankreich übernehmen, das von den anderen europäischen Mächten nach den Erfahrungen der Revolutionskriege immer noch misstrauisch beäugt wurde.

Den Hohenzollern war das eigentlich gar nicht recht. In Berlin hätte man lieber eine Abrundung des eigenen Herrschaftsbereichs um Sachsen oder Hannover gesehen. Doch das war auf dem Wiener Kongress nicht durchzusetzen gewesen. Besonders der Bevölkerung der linksrheinischen Gebiete, die fast zwei Jahrzehnte von Paris aus regiert worden waren, wurde in Berliner Regierungskreisen vielfach unterstellt, immer noch Sympathien für Frankreich zu hegen. Auch das mehrheitlich katholische Religionsbekenntnis der Menschen in den neuen preußischen Westprovinzen war nicht unbedingt geeignet, in den alten protestantischen Kernlanden der Hohenzollern Begeisterung über die territorialen Neuerwerbungen am Rhein aufkommen zu lassen. So war in Berlin 1815 und danach wiederholt zu hören, dass man mit den «Papisten» der «Krummstablande» im Westen noch große Probleme erwarte.

In den neuen Provinzen wurde die preußische Herrschaft freilich häufig auch nicht eben euphorisch begrüßt. Gern zitiert wird in diesem Zusammenhang eine Äußerung des Kölner Bankiers Abraham Schaafhausen. Als dieser 1815 die Nachricht vom Anschluss seiner Heimatstadt an Preußen erhielt, bemerkte er: «Da heiraten wir aber in eine arme Familie!» Auch andere zeitgenössische Stellungnahmen lassen darauf schließen, dass die Vereinigung der Region mit Preußen vor Ort vielerorts höchstens als Vernunftehe, aber kaum als Liebesheirat betrachtet wurde.

Die Geschichte des Verhältnisses zwischen Preußen und seinen «wilden» Westprovinzen Rheinland und Westfalen ist deshalb oft als Konfliktgeschichte geschrieben worden. Vor allem in der ersten Hälfte des 19. Jahrhunderts, der Zeit des «Vormärz», erscheint dieses Verhältnis von Gegensätzen geprägt: katholischer Westen versus protestantischer Osten, Erbe und Einfluss der Franzosenzeit im Rheinland und in Westfalen gegen die altpreußischen Traditionen. Tatsächlich spielten solche Einflüsse für die wechselseitigen Beziehungen eine Rolle. Nicht selten aber werden diese durchaus vorhandenen Gegensätze wertend überspitzt, und dann nähern sie sich landläufigen Klischees. Westfalen und insbesondere das Rheinland werden dann zum Inbegriff bürgerlich-liberaler Fortschrittsorientierung verklärt, während Preußen als reaktionär-konservativer Obrigkeitsstaat abqualifiziert wird. Die Westprovinzen gelten aus einer solchen Sicht als Verkörperung der städtisch-industriellen Zukunft, die altpreußischen Kernlande dagegen als agrarisch und hoffnungslos rückständig.

Diese pauschalen Gegenüberstellungen erfüllen mancherlei Bedürfnisse; eine differenzierte Erkenntnis fördern sie aber nicht. Zum einen unterschlagen sie den janusköpfigen Charakter der preußischen Kernlande. Diese bestanden keineswegs nur aus ländlichen Gegenden, denen Gutsherrschaft ihren Stempel aufdrückte. Berlin und sein Umland, große Teile von Schlesien, die Region um Halle und Magdeburg waren 1815 schon stark städtisch geprägt und entwickelten sich während des 19. Jahrhunderts zu kaum weniger dynamischen Industriezentren als das Ruhrgebiet oder die Rheinschiene. Politisch mochte Preußen zwar viele Züge eines Obrigkeitsstaats haben. Andererseits war es aber auch die Heimat von Christian Wolff, Immanuel Kant und Wilhelm von Humboldt und damit einer aufklärerischen Tradition, die politisch nicht ganz einflusslos blieb. Dazu gab es im Rheinland und in Westfalen kein Gegenstück.

Zum anderen übersieht eine pauschale Gegenüberstellung der alten preußischen Kernlande und seiner neuen Westprovinzen auch beträchtliche Unterschiede innerhalb der Letzteren. Auch Westfalen und das Rheinland wiesen eine ausgesprochen komplexe gesellschaftliche, ökonomische und kulturelle Struktur auf. So mochten unter den sozialen Gruppen zwar beträchtliche Teile der bürgerlichen Eliten den neuen preußischen Herren gegenüber ablehnend eingestellt sein. Gleichzeitig versprachen sich nicht wenige Adlige, deren Privilegien unter der französischen Herrschaft demontiert worden waren, von den neuen Herren eine zumindest teilweise Wiederherstellung ihrer alten Machtpositionen. Die breite Masse der Bevölkerung stand dem Herrschaftswechsel dagegen weithin desinteressiert gegenüber. Denn hohe Steuern und Abgaben verlangten die Preußen ebenso wie die Franzosen.

Auch zwischen den beiden Provinzen bestanden beträchtliche Unterschiede. Während das Rheinland tatsächlich schon stärker städtisch geprägt war, überwog in Westfalen vergleichsweise noch das «platte Land». In den lokalen Eliten der Provinz Westfalen war der Adel deshalb sehr zahlreich vertreten. In der Rheinprovinz spielte das Bürgertum dagegen bereits eine größere Rolle. Die beiden Provinzen unterschieden sich ebenfalls deutlich, was das religiöse Bekenntnis der Bevölkerung angeht. Zu Beginn der preußischen Herrschaft lag nur der Bevölkerungsanteil der Juden mit etwa ein Prozent in beiden Gebieten ungefähr gleich hoch. Im Rheinland waren die Protestanten eine relativ kleine Minderheit: Hier stellten sie nur ein knappes Fünftel. Dagegen machten sie in Westfalen etwa 40 Prozent der Bevölkerung aus. Bis 1945 stieg der protestantische Bevölkerungsanteil dort sogar auf fast die Hälfte.

Tatsächlich sind selbst das schon Verallgemeinerungen, die große Differenzen innerhalb der Provinzen ignorieren. Sowohl das Rheinland als auch Westfalen bestanden aus konfessionell wie wirtschaftlich sehr verschieden strukturierten Landschaften, die jahrhundertelang auch politisch auf ganz unterschiedliche Weise geprägt worden waren. Das gilt selbst noch für die französische Zeit. So war auf dem linken Rheinufer der französische

Einfluss am längsten und intensivsten gewesen. Direkt rechts des Rheins, im Napoleonidenstaat Berg, hatte er dagegen kaum und im östlichen Westfalen nur relativ kurz eingewirkt. Die politische Fragmentierung der Region war zwar seit 1815 weitgehend überwunden. Sie wirkte aber auf verschiedenste Weise nach: religiös, rechtlich, ökonomisch, sozial. Und wenn sich manche dieser Differenzen zunehmend einebneten, war das nicht zuletzt gerade eine Folge preußischer Politik und Verwaltungstätigkeit.

2. Integration durch Verwaltung

Der Aufbau der preußischen Verwaltung vollzog sich im Rheinland und in Westfalen oft behutsam und keineswegs nur mit der obrigkeitsstaatlichen Brechstange. So orientierten sich die neuen Herren bei der Bildung von Regierungsbezirken vielfach an früheren Territorialgrenzen. Das Gebiet der Bezirksregierung Aachen deckte sich etwa weitgehend mit dem des ehemaligen Herzogtums Jülich, und der Einflussbereich des Regierungspräsidiums Münster entsprach ungefähr dem der früheren Bistumsherrschaft gleichen Namens. Die schon vor 1789 preußische Grafschaft Mark wurde mit dem westfälischen Teil Kurkölns zum Bezirk Arnsberg vereinigt, die ebenfalls bereits seit längerem preußischen Territorien Minden und Ravensberg mit dem alten Bistum Paderborn. Nur beim Zuschnitt der Regierungsbezirke Köln und Düsseldorf nahmen die Hohenzollern keine Rücksicht auf frühere Grenzen.

Über den Regierungspräsidien standen die Oberpräsidenten der beiden Provinzen, mit Sitz in Münster und Koblenz – zwei überwiegend katholischen Städten, die vor 1815 nicht zu Preußen gehört hatten. Die Oberpräsidien traten gegenüber der Masse der Bevölkerung kaum in Erscheinung. Für ihre personelle Besetzung interessierten sich vor allem die regionalen Eliten. Streit um die preußische Personalpolitik entzündete sich wiederholt vor allem an der Herkunft und besonders der Konfessionszugehörigkeit der Oberpräsidenten. Denn diese waren neben dem Gesundheits- und Schulwesen auch direkt zuständig für die Kirchen. In allen anderen Angelegenheiten kontrollierten die Oberpräsidien nur die unteren Verwaltungsorgane, über die Regierungen und Kreise bis hinunter zu den Gemeinden.

Auch auf den unteren Verwaltungsebenen knüpften die Preußen vielfach an ältere Traditionen an. So entsprach der Aufgabenbereich der Landräte, die den Kreisverwaltungen vorstanden, weitgehend denen der früheren Amtmänner. Wie diese rekrutierten sich zudem auch die preußischen Landräte überwiegend aus dem Adel – in Westfalen zu drei Vierteln, im Rheinland trotz dessen stärker ausgeprägter städtischer Struktur immerhin noch zur Hälfte. Regionale Traditionen und konservative preußische Personalpolitik wirkten dabei in dieselbe Richtung.

Zu den wichtigsten Aufgaben der Landräte zählte die Durchführung der Erhebung von Steuern und Abgaben. Auch für die Gewerbeaufsicht waren sie zuständig. In den ersten Jahren und Jahrzehnten der preußischen Herrschaft bedeutete das überhaupt erst einmal, die vielen verschiedenen Gewerbeordnungen und Steuersysteme, die sich in der Region durch deren politische Fragmentierung entwickelt hatten, zu vereinheitlichen. Zwar hatten die Franzosen hier vor allem links des Rheins schon Vorarbeit geleistet. Dennoch bedeutete es immer noch eine gewaltige Aufgabe, das Tohuwabohu von kodifizierten und gewohnheitsmäßigen Rechten und Pflichten in der gesellschaftlichen Praxis zu lichten und nach wie vor praktizierte Privilegien und Ausnahmeregelungen zu beseitigen. Weil wie bei jeder großen Reform dabei etablierte Interessen gefährdet und liebgewordene Gewohnheiten umgeworfen wurden, waren Reibungen im Großen wie im Kleinen programmiert.

Zahlreiche Konflikte und zähen Widerstand provozierte die preußische Verwaltung auch mit der Durchsetzung der Schulpflicht. Diese war zwar in einzelnen Territorien, wie dem Bistum Münster und in Kleve-Mark, bereits früher eingeführt worden. Bis zum späten 18. Jahrhundert hatte sie freilich, von größeren Städten einmal abgesehen, vielfach nur auf dem Papier gestanden. Praktisch vollendet wurden die in der Zeit der Aufklärung begonnenen Bemühungen, die auf einen regelmäßigen Schulbesuch aller Kinder zwischen dem 6. und 14. Lebensjahr hinarbeiteten, erst unter der preußischen Herrschaft. Besonders in ländlichen Gebieten wurde die Schulpflicht gegen anhaltenden Widerstand großer Teile der Bevölkerung etabliert. Vor allem Bauernfamilien setzten die Kinder lieber als Arbeitskräfte im Betrieb ein.

Die preußische Herrschaft glich so die Lebensumstände der Menschen in der Region zunehmend an. Rechtliche, gesellschaftliche und im weitesten Sinn kulturelle Differenzen, die in der jahrhundertelangen politischen Fragmentierung des Rheinlands und Westfalens wurzelten, wurden durch sie nivelliert. Unterschiede zwischen Stadt und Land, zwischen verschiedenen Konfessionen und sozialen Schichten verschwanden jedoch nicht. Manchmal erwies sich die Nivellierungspolitik der preußischen Verwaltung sogar als kontraproduktiv, weil sie individuelle, lokale oder regionale Widerstände hervorrief. Das gilt besonders für die langwierigen Auseinandersetzungen um «rheinisches Recht» und Kommunalverfassung, die noch zu behandeln sein werden. Auf lange Sicht bewirkte die preußische Verwaltungspraxis unter dem Strich zum Teil dennoch, ja zum Teil gerade deswegen eine Vereinheitlichung, die alte Identitäten veränderte und zur Grundlage neuer Identitäten wurde: westfälischer, rheinischer, rheinisch-westfälischer – aber auch preußischer.

Denn die Einführung preußischer Verwaltungspraxis, des preußischen Schul- und Steuersystems, der preußischen Gewerbeordnung produzierte nicht nur Widerstände, die sich zum Kristallisationspunkt neuer regionaler Identitäten entwickeln konnten. Sie schuf auch Gemeinsamkeiten, die das Rheinland und Westfalen zunehmend in den Staat der Hohenzollern hineinwachsen ließen. Das galt sogar und nicht zuletzt für die Wehrpflicht in der preußischen Armee. Man mochte in den Westprovinzen anfangs dagegen protestieren, dass rheinische und westfälische Rekruten ihren Wehrdienst in anderen Landesteilen absolvierten und an Kriegen Preußens teilnahmen, denen viele in der Region indifferent oder gar ablehnend gegenüberstanden. Langfristig wurde selbst solche erzwungene Integration in der Rückschau auch im preußischen Westen spätestens nach 1871 zum Beginn einer wunderbaren Freundschaft verklärt.

Die preußische Militärorganisation ist überdies eines der zahlreichen Beispiele dafür, wie Berlin die Westprovinzen als eine Einheit behandelte – und damit diese erst mit erschuf. Bereits 1815 wurden das Rheinland und Westfalen zur Militärabteilung Niederrhein zusammengefasst. Aber auch andere preußische Behörden waren für beide Provinzen zuständig und trugen durch ihre Arbeit dazu bei, dass die beträchtlichen Unterschiede zwischen Rheinland und Westfalen zwar nicht beseitigt, aber doch ein Stück weit abgeschliffen wurden. Dazu gehörte die Generaldirektion für die Erstellung des Katasters, das als Grundlage der Steuererhebung diente und dem daher hohe gesellschaftliche Bedeutung zukam, weshalb es ein heftig umstrittenes Politikum war: Sie hatte ihren Sitz zuerst in Düsseldorf, dann in Münster. Auch das Oberlandesgericht in Hamm stellte als höchste rechtliche Instanz beider Provinzen ein Stück Gemeinsamkeit dar. Von vornherein arbeiteten zudem die rheinischen und westfälischen Oberpräsidenten eng zusammen und stimmten ihre Politik in den Provinzen wie gegenüber der Berliner Zentrale miteinander ab.

Eine Reihe von Sonderzuständigkeiten einzelner Behörden, die mit wirtschaftlichen Fragen befasst waren, wirkten ebenfalls als Klammern zwischen Rheinland und Westfalen. So erstreckten sich die Kompetenzen der 1816 gegründeten preußischen Oberbergämter im westfälischen Dortmund und im rheinischen Bonn in die jeweils andere Provinz hinein. Für die im 19. Jahrhundert noch bedeutende Schifffahrt auf Ruhr und Lippe war auch im rheinischen Teil der Flüsse das Oberpräsidium in Münster verantwortlich. Nicht zuletzt gab es, um nur noch die wichtigsten Behörden zu nennen, sowohl eine gemeinsame Wasserbau- wie eine gemeinsame Reichsbahndirektion für die beiden preußischen Westprovinzen.

Der Beginn der preußischen Herrschaft markierte einen geradezu revolutionären Ausbau der Verkehrswege im Rheinland und in Westfalen, der mit einer kaum weniger dramatischen Ausdehnung und Beschleunigung des Handels einherging. Preußen schaffte das Stapelrecht sowohl in Köln wie in Minden ab. Auch alle anderen Einschränkungen der freien Schifffahrt auf

Rhein, Weser und ihren Nebenflüssen wurden beseitigt. Die Einrichtung von Dampfschiff-Liniendiensten seit 1825 machte die Flüsse für eine Generation zu den schnellsten und günstigsten Transportwegen. In der ersten Hälfte des 19. Jahrhunderts wurden deshalb selbst Ruhr und Lippe kanalisiert.

Parallel zur Ausweitung der Schifffahrt erfolgte ein massiver Ausbau von befestigen Überlandstraßen, den Chausseen. Seit dem Verfall der antiken römischen Straßen hatte es befestigte Straßen in der Region bis zum späten 18. Jahrhundert mehr oder weniger nur innerhalb von Städten gegeben. Während der Zeit der französischen Herrschaft begann der Ausbau von Chausseen über Land. Was unter Napoleon begonnen worden war, führten die neuen preußischen Herren seit 1815 fort. In beiden Fällen waren ursprünglich militärische Gründe ausschlaggebend: Die Chausseen wurden in erster Linie als militärische Aufmarschwege gebaut. Daher war das Straßennetz im Grenzgebiet besonders dicht. Die Hälfte aller preußischen Chausseekilometer lag 1850 so in den Westprovinzen, besonders im Rheinland. Der eigentliche Nutzen des Ausbaus war freilich ein ziviler: Das Ausmaß von Handel und persönlicher Mobilität nahm angesichts der neuen schnellen Verkehrswege gewaltig zu. Das galt vor allem innerhalb des Rheinlands und Westfalens und zwischen den beiden Provinzen, aber auch über die Region hinaus, nicht zuletzt im Hinblick auf die Kontakte zum übrigen Preußen.

Um die Mitte des 19. Jahrhunderts wurde diese Entwicklung noch weiter vorangetrieben und beschleunigt durch ein weiteres Verkehrsmittel – die Eisenbahn. Schon in den 1820er Jahren waren Eisenbahnen unter anderem im Ruhrgebiet über kleine Strecken zum Kohletransport verwendet worden. Allerdings wurden diese noch von Pferden gezogen, nicht von Dampfmaschinen bewegt. Die erste dampfbetriebene Eisenbahn in der Region begann 1841 zwischen Düsseldorf und Elberfeld zu fahren. In den nächsten Jahren wurden weitere Strecken in Betrieb genommen. Diese verbanden zunächst Köln mit den benachbarten Städten Aachen und Bonn. 1847 folgte dann die seit langem geplante, aber wiederholt an Problemen der Finanzierung und der Streckenführung gescheiterte Linie zwischen Köln und Minden. Dort gelang der Anschluss an das Eisenbahnnetz in den preußischen Kernlanden und an die Hauptstadt Berlin. Die Strecke führte durch das Ruhrgebiet; mit ihr verlor der parallel verlaufende Hellweg als Hauptverkehrsader noch weiter an Bedeutung. Überhaupt lief die Eisenbahn für Jahrzehnte Straßen und Wasserstraßen den Rang ab. Die durch sie unrentabel gewordene Schifffahrt auf Lippe und Ruhr wurde im späten 19. Jahrhundert deshalb ganz eingestellt.

Anfangs war der Bau von Eisenbahnlinien eine rein privatwirtschaftliche Angelegenheit. Der preußische Staat behielt sich lediglich die Genehmigung der einzelnen Projekte und ihrer Streckenführung vor. Je länger die Strecken allerdings wurden, desto größer wurde auch der Kapitalbedarf. Zunehmend übernahm der Staat deshalb Aktienanteile der privaten Eisenbahngesellschaften, in einzelnen Fällen auch deren Geschäftsführung. Auch militärische und politische Gesichtspunkte bestimmten Preußen, gestaltenden Einfluss auf den Bau der Strecken zu suchen. So wurde unter staatlichem Einfluss zum Beispiel in den 1850er Jahren der Bau der rechtsrheinischen Bahn vorangetrieben, obwohl sich das wirtschaftlich gegenüber der Rheinschifffahrt zunächst gar nicht lohnte. In den 1870er Jahren kaufte der preußische Staat dann die meisten Hauptstrecken auf. Schließlich kam es zur vollen Verstaatlichung des Bahnverkehrs.

1860 waren bereits alle größeren Städte in der Region durch Eisenbahnlinien miteinander verbunden. Für den Weg von Bonn nach Minden, für den ein gewöhnlicher Reisender im 18. Jahrhundert noch fünf Tage gebraucht hatte, benötigte man mit der Bahn jetzt nur noch fünf Stunden. Aus dem Rheinland oder Westfalen erreichte man auch jede größere Stadt Preußens innerhalb eines Tages. Eisenbahnlinien führten im Westen nach Amsterdam, Brüssel, Paris und Marseille, im Norden bis Flensburg, im Osten nach Prag, Warschau, Wien und Budapest. Benötigte der Transport eines Dampfkessels nach Warschau mit dem Pferdefuhrwerk zuvor mehr als zwei Monate, so waren es nun lediglich noch gut zwei Tage.

Der Ausbau des Eisenbahnnetzes beschleunigte und vermehrte den Austausch von Gütern und Personen noch einmal um ein Vielfaches. Aber auch die Nebeneffekte des Bahnbaus waren gewaltig. Der riesige Bedarf an Material ließ entlang der projektierten Bahnstrecken Fabriken wie Pilze aus dem Boden wachsen, die überschüssige Arbeitskräfte aus der regionalen Landwirtschaft, aber auch aus weit entfernten Gegenden anzogen. Eisenverarbeitende Industrie und Maschinenbaubetriebe boomten. In der Regel wurden neben den Bahnlinien auch Telegrafenstrecken gebaut. Die verzögerungslose Kommunikation per Telegraf, Ende des 18. Jahrhunderts erfunden und zunächst nur militärisch genutzt, revolutionierte damit auch das zivile Nachrichtenwesen.

Der Raum schien dadurch immer weiter zu schrumpfen. Der Rest der Welt rückte näher an die Region heran. Die lokalen Bezüge, in denen die Menschen bisher ganz überwiegend gelebt hatten, lösten sich zwar nicht auf. Doch die Möglichkeiten zur überlokalen Kontaktaufnahme nahmen für immer mehr Menschen zu. In erster Linie wirkte sich das innerhalb der Region aus. In zweiter Linie führte es, schon wegen der politischen Schranken, vornehmlich zu einem Zusammenrücken der Westprovinzen mit den preußischen Kernlanden. Diese Integrationsprozesse wurden weiter vorangetrieben durch eine Entwicklung, an der der preußische Staat ebenfalls nicht unbeteiligt war und die die Menschen in einem bisher nicht gekannten Ausmaß mobil machte: durch die Entstehung des rheinisch-westfälischen Industriegebiets.

3. Industrialisierung und Integration: Die Entstehung des «rheinisch-westfälischen Industriegebiets»

War die Entwicklung des Gewerbes während des 18. Jahrhunderts vor allem in der damals schon preußischen Grafschaft Mark, im Bergischen und am Niederrhein durchaus dynamisch gewesen, so zeigte sie in den ersten Jahrzehnten nach 1800 mehr und mehr Anzeichen von Stagnation. Dazu trugen politische, mentale und im engeren Sinn wirtschaftliche Faktoren bei.

Die napoleonische Kontinentalsperre, die in den letzten Jahren der französischen Herrschaft den Handelsaustausch mit Großbritannien unterbinden sollte, traf vor allem das Textilgewerbe der Region hart. Besonders die englische Konkurrenz entwickelte sich dagegen stürmisch weiter in Richtung des großbetrieblichen industriellen Fabriksystems. Dass den heimischen Textilproduzenten der Anschluss an diese Entwicklung lange Zeit nicht gelang, war freilich auch auf eine bestimmte unternehmerische Mentalität zurückzuführen. Im Wuppertal und am Niederrhein setzten viele Unternehmer bewusst auf ein eher langsames Wachstum, auf Qualität statt Quantität. Die Zustände im industriellen Pionierland Großbritannien, wo die rasante Expansion der Produktion von chaotischem Wuchern der Städte, massenhafter Armut und sich zuspitzenden sozialen Gegensätzen begleitet wurde, galten den Zeitgenossen vielfach eher als abschreckendes Beispiel denn als Vorbild.

Um großbetriebliche industrielle Fertigungsanlagen zu bauen, fehlte es den Wirtschaftseliten vor Ort zum größten Teil auch lange einfach an Geld. Für inhabergeführte Familienbetriebe, wie sie damals in der Region noch vorherrschten, war der Sprung zum Fabrikwesen mit zu vielen Risiken behaftet, als dass ihn allzu viele gewagt hätten. Allein in Aachen setzte sich das Fabriksystem schon in den 1820er Jahren durch. Im Wuppertal, wo der Schwerpunkt des regionalen Textilgewerbes lag, ließ der Durchbruch der Industrialisierung dagegen wesentlich länger auf sich warten. Noch 1836 gab es in ganz Elberfeld lediglich acht Dampfmaschinen, mit einer Leistung von zusammen nur 40 PS. Die letzten Handwebstühle wurden erst gegen Ende des 19. Jahrhunderts stillgelegt.

Mangel an Kapital und die Sorge vor den sozialen Folgen schrankenloser Industrialisierung bremsten auch im metallverarbeitenden Gewerbe die Entwicklung. Tatsächlich war der Kapitalbedarf hier noch größer als in der Textilbranche. Zudem war der Sprung zum industriellen Großbetrieb mit Holzkohleöfen, die im Märkischen traditionell zur Metallschmelze benutzt worden waren, kaum möglich. Die Steinkohlevorkommen vor Ort waren schnell erschöpft. Und weiter nördlich, im Gebiet des Hellweges, lagen die Steinkohleflöze viel tiefer, unter einer dicken, Wasser tragenden Mergelschicht. Zwar gelang es nach vielen vergeblichen Versuchen endlich, stabile Schächte durch den Mergel hindurchzutreiben. Das erforderte aber gewaltige Investitionen. Außerdem stellte sich das Problem des Transports der Kohle zu den Fundorten des Eisenerzes oder des Eisens zu den Kohlevorkommen.

Die Lösung kam mit einer Reihe von preußischen Gesetzen, die eine Gründung moderner Aktiengesellschaften möglich machten. Damit ließen sich die großen Kapitalmengen zusammenbringen, die einzelne Familienunternehmen nicht hätten aufbringen können und die zum Betrieb der Steinkohlezechen und zum Bau der Eisenbahnstrecken nötig waren. Die preußische Gesetzgebung zum Aktienrecht ermöglichte darüber hinaus auch den Durchbruch des industriellen Großbetriebs in Metallverarbeitung, Textilgewerbe und anderen Branchen. Viel auswärtiges Kapital floss in den Aufbau neuer Fabriken. Französische, belgische und insbesondere britische Finanziers beteiligten sich an der Industrialisierung der Region, was sich etwa in Namen von Ruhrzechen wie «Shamrock» oder «Hibernia» niederschlug. Köln und auch Düsseldorf wurden zum Sitz internationaler Bankhäuser, die für die industrielle Entwicklung der Region große Bedeutung gewannen. Die Rolle Düsseldorfs als «Schreibtisch des Ruhrgebiets» nahm hier ihren Anfang.

Die Bedeutung des preußischen Staates für die Industrialisierung des Rheinlands und Westfalens erschöpfte sich freilich nicht in der Bereitstellung eines rechtlichen Rahmens, der die Finanzierung von Großbetrieben erleichterte. Auch die preußische Wirtschaftspolitik des frühen 19. Jahrhunderts begünstigte eine dynamische Entwicklung des Gewerbes in der Region. Preußen übernahm das von den Franzosen eingeführte Prinzip der Gewerbefreiheit, das mit den Zünften einen wesentlichen Hemmschuh unternehmerischer Initiative beseitigt hatte. Dieselbe wirtschaftsliberale Linie verfolgten die neuen Herren konsequent auch in anderen Bereichen. So öffneten sie den Rhein mit der Abschaffung des Kölner Stapelrechts für den internationalen Handel. Die Bildung des Zollvereins 1834 und seine immer weitere Ausdehnung während der folgenden Jahrzehnte, bis hin zur Gründung des Deutschen Reiches als einheitlichem Wirtschaftsraum in den 1870er Jahren, eröffnete der regionalen Industrie wachsende Absatzmärkte. Dazu trug überdies die liberale preußische Außenhandels- und Zollpolitik dieser Zeit bei. Schließlich kam auch der Ausbau der Verkehrsverbindungen, einerlei ob dieser primär militärisch motiviert war oder als gezielte Wirtschaftsförderung betrieben wurde, der industriellen Entwicklung des Rheinlands und Westfalens zugute.

Die Industrialisierung machte natürlich nicht an den Grenzen der beiden Provinzen halt. Vielmehr verklammerte sie das Rheinland und Westfalen vielleicht noch mehr miteinander, als es die preußische Politik tat – in der Realität wie in den Köpfen. Das schlug sich am deutlichsten im Begriff des «rheinisch-westfälischen Industriegebiets» nieder, der sich um die Mitte des 19. Jahrhunderts etablierte. Obwohl die Landwirtschaft in großen Teilen der beiden Provinzen noch lange danach die wichtigste Erwerbsquelle blieb, wurde die Industrie als das zentrale Charakteristikum der preußischen Westprovinzen gesehen – vor allem außerhalb der Region, aber auch von vielen ihrer Bewohner selbst. So sehr sich am Niederrhein, in Ostwestfalen und in der Eifel bis weit ins 20. Jahrhundert agrarische Strukturen erhielten, war es doch schon frühzeitig die von Fabrikschloten und Fördertürmen geprägte Landschaft an der Ruhr, die mit dem neuen Etikett «rheinisch-westfälisch» verbunden wurde.

Das ist umso auffälliger, als dieses neue industrielle Herz der Region keine einheitliche Verwaltung besaß und tatsächlich nie besessen hat. Seit seiner Entstehung und bis heute bildet das Ruhrgebiet, wie es verstärkt erst im 20. Jahrhundert genannt wurde, keine administrative Einheit, sondern setzt sich aus Teilen der Regierungsbezirke Düsseldorf, Münster und Arnsberg zusammen. Selbst als nach dem Ersten Weltkrieg ein «Siedlungsverband Ruhrkohlenbezirk» gegründet wurde, blieben dessen Kompetenzen weitgehend auf beratende Funktionen bei der

Landes- und Kommunalplanung beschränkt. Zu diesem Zeitpunkt befand sich die Schwerindustrie, die mit Kohle und Stahl das Ruhrgebiet prägte, bereits an der Schwelle zum Niedergang. Dynamisches industrielles Wachstum fand zunehmend in anderen Branchen und anderen Gebieten der Region statt. Das gilt vor allem für die Rheinschiene zwischen Düsseldorf und Bonn. Dort boomten seit dem Ende des 19. Jahrhunderts Chemie und Maschinenbau, später auch die Produktion von Automobilen. Köln und Düsseldorf entwickelten sich zu quirligen Dienstleistungsmetropolen. An der regionalen Peripherie, etwa um Bielefeld, Mönchengladbach und Wuppertal, entstanden derweil moderne industrielle Zentren aus alten Gewerbelandschaften oder auch völlig neu.

Nirgendwo freilich in der Region, ja nirgendwo in ganz Deutschland verdichtete sich die Industrialisierung dramatischer, lief die Entwicklung aus der Sicht von Zeitgenossen wie späteren Beobachtern spektakulärer ab als an der Ruhr, dem «rheinisch-westfälischen Industriegebiet» im engeren Sinn. Das Ruhrgebiet bestand aus Gebieten mit ganz verschiedener Tradition, und es veränderte seinen Charakter wie seine Ausmaße im Lauf der Zeit beträchtlich. Definieren lassen sich seine Grenzen am besten durch die des Steinkohleabbaus. Mitte des 19. Jahrhunderts gehörten zum Ruhrgebiet danach hauptsächlich im Osten die traditionelle märkische Gewerbelandschaft, im Westen die Gegend um die alten Handelsstädte Essen und Duisburg. Mit der Erschöpfung der Kohlelager am Hellweg dehnten die Zechen und damit das Ruhrgebiet sich dann aber immer weiter nach Norden aus, bis zur Emscher und schließlich darüber hinaus in Richtung Lippe.

In dieser früher überwiegend ländlichen Gegend entstanden in der zweiten Hälfte des 19. Jahrhunderts sogenannte «Industriedörfer», deren Einwohnerzahl geradezu explodierte, sich manchmal in wenigen Jahren vervielfachte, ohne dass diese Entwicklung irgendwie gelenkt worden wäre oder sich eine städtische Infrastruktur entwickelt hätte. Weder die Alteingesessenen noch die zugezogenen Unternehmer hatten daran ein Interesse: Ohne eine ordnend eingreifende öffentliche Hand ließen sich

Grundstücke und Wohnraum zu Höchstpreisen verkaufen und die Arbeitskraft der Beschäftigten aufs Äußerste ausbeuten. Hier zeigte sich die Kehrseite der liberalen preußischen Wirtschaftspolitik. Bei Arbeitszeiten von über 70 Stunden pro Woche, miserabler Bezahlung und katastrophalen Wohnverhältnissen lebten die Arbeiter der frühen industriellen Ära auf engstem Raum in tiefstem Elend.

Der erbärmliche Gesundheitszustand und die extrem hohe Sterblichkeit in den «Industriedörfern» provozierten schließlich aber eine Reaktion der Öffentlichkeit. Angesichts der Bildung von Arbeiterorganisationen und dem Drängen von Sozialreformern aus dem Bildungsbürgertum wie aus Unternehmerkreisen griff der preußische Staat im späten 19. Jahrhundert mit Gesetzen zur Gewerbeaufsicht, zum Arbeiterschutz und zur Sozialversicherung der Arbeitnehmer kontrollierend ein. Parallel dazu sorgte auch ein massiver Ausbau der kommunalen Infrastruktur im Bereich der Wasser- und Energieversorgung, der Kanalisation und der Gesundheitspflege dafür, dass die Lebenserwartung der Städter in der Region seit etwa 1900 die der Landbewohner nicht nur erreichte, sondern sogar übertraf.

Die Attraktivität der industriellen Zentren wurde dadurch noch weiter gesteigert und verstärkte die Migration vom Land in die Städte, die mit dem Beginn der Industrialisierung eingesetzt hatte. Viele Faktoren trugen zu dieser Wanderungsbewegung von historisch beispiellosen Ausmaßen bei. Dazu gehörte vor allem die Rationalisierung im Agrarsektor, die auf dem Land die Zahl der Arbeitsplätze verringerte, aber auch die Hoffnung vieler vor allem jüngerer Menschen, Eintönigkeit und traditioneller dörflicher Sozialkontrolle durch Flucht in die anonyme und buntere Welt der Städte entfliehen zu können. War im 18. Jahrhundert die große Mehrheit der Männer und Frauen noch an ihrem Geburtsort verstorben, lebte Anfang des 20. Jahrhunderts die Hälfte der Bevölkerung des Deutschen Reiches nicht mehr am Ort ihrer Geburt. Bis zum Ersten Weltkrieg waren fast 800 000 Menschen aus den preußischen Ostprovinzen und aus den polnischsprachigen Gebieten des russischen oder des österreich-ungarischen Kaiserreichs in die Region zugewandert. Die Polen bildeten an der Ruhr lange Zeit eine eigenständige Subkultur aus, mit eigenen Gewerkschaften, Vereinen und Zeitungen. In anderen Gegenden des Rheinlands und Westfalens arbeiteten vor 1914 vielfach auch Italiener. Den größten Anteil der Zuwanderer in die Industriegebiete stellten jedoch Inländer. Diese kamen in erster Linie aus den ländlichen Gegenden der Region selbst, in zweiter Linie aus den alten preußischen Provinzen. Die mit der Industrialisierung beginnende räumliche Mobilisierung der Bevölkerung verstärkte so die Bindungen zwischen den Westprovinzen und Kernpreußen. Noch mehr aber trug sie zur Integration und Entstehung neuer regionaler Identitäten im rheinisch-westfälischen Raum bei. Traditionelle lokale Bindungen wurden dagegen durch die Industrialisierung geschwächt.

4. Streit um das Erbe der Französischen Revolution

Die preußische Herrschaft hat integrative Tendenzen in der Region auf vielfältige Weise ausgelöst oder verstärkt. Nicht immer geschah das aber auf die Weise, wie es von Preußen beabsichtigt war. Zum Teil bildeten sich regionale Identitäten vielmehr gerade auch in Konfrontation mit preußischer Politik aus. Solche Prozesse der Identitätsbildung, die aus Opposition zu Preußen erwuchsen, erfassten allerdings jeweils nur Teile der Bevölkerung in der Region. Sie beschränkten sich entweder auf die gesellschaftlichen Eliten, vor allem auf das Bürgertum; oder sie nahmen zwar den Charakter einer Volksbewegung an, taten das dann aber hauptsächlich im Rheinland und kaum in Westfalen. Stein des Anstoßes war in jedem Fall das Erbe der Französischen Revolution. Konkret ging es im Einzelnen darum, ob die von den Franzosen etablierte Kommunalverfassung und das im Rheinland eingeführte französische Recht beibehalten oder durch preußische Systeme ersetzt werden sollten. Dazu kam noch der Streit über das Ausmaß von Mitbestimmung und regionaler Selbstverwaltung im Gesamtstaat, für den die Ideen von 1789 ebenfalls zumindest teilweise eine Rolle spielten.

Im Streit um die regionale Selbstverwaltung prallten auf den ersten Blick zwei, tatsächlich aber eher drei idealtypische Auffassungen von staatlicher Organisation aufeinander. Auf der einen Seite stand das Prinzip der durch Gottesgnadentum legitimierten absoluten Fürstenherrschaft, an dem die preußischen Könige zunächst festhielten. Dagegen forderten die gesellschaftlichen Eliten der beiden Westprovinzen Mitspracherechte, die allerdings auf unterschiedliche Art begründet wurden. Während vor allem der westfälische und rheinische Adel auf eine Wiederherstellung der landständischen Verfassungen der vorfranzösischen Zeit abzielte, bemühte hauptsächlich das Bürgertum der Region eher das Konzept der Volkssouveränität, die 1789 in Frankreich auf kontinentaleuropäischem Boden erstmals verwirklicht worden war, um die Forderung nach Selbstverwaltung zu legitimieren.

Der preußische König hatte bereits 1815 eine «Repräsentation des Volkes» versprochen. Doch war zunächst weitgehend offen geblieben, wie diese aussehen sollte. Erst acht Jahre später wurden im Rheinland und in Westfalen Provinziallandtage gebildet. Deren Zusammensetzung und Kompetenzen bedeuteten freilich eine Kompromisslösung, die keine Seite wirklich befriedigte. Zur Mitgliedschaft in den Landtagen qualifizierte teilweise nach ständischem Prinzip Geburt, teilweise aber auch Wahl. Wahlberechtigt waren zudem nur Grundbesitzer, die ein gewisses Mindesteinkommen hatten. Seit der Reform der Provinzialordnung 1886/87 gab es dann zwar keine geborenen Mitglieder mehr. Die Abgeordneten der Provinziallandtage wurden nun stattdessen bis zum Ende des Ersten Weltkriegs von den kommunalen Selbstverwaltungsorganen bestimmt. Da diese freilich nach sehr undemokratischem Wahlrecht gewählt wurden, war auch damit der Grundsatz der Volkssouveränität kaum durchgesetzt. Erst seit 1918 wurden die Provinziallandtage demokratisch gewählt.

Obwohl auch die Kompetenzen der Landtage anfangs nur sehr gering waren, wurden sie nichtsdestoweniger frühzeitig zu Foren politischer Willensbildung und damit auch zu Kristallisationspunkten regionaler Identität. Außer der Mitwirkung an kommunalen Angelegenheiten besaßen sie eigentlich keine wirklichen Entscheidungsbefugnisse. Sie nutzten aber nach Kräften die Möglichkeit, in «Empfehlungen» und Bittschriften eigenständige Positionen zu markieren. Dabei gab es durchaus starke inhaltliche Differenzen zwischen Westfalen und dem Rheinland, wenn es um «große Politik» ging. So sprach sich der rheinische Provinziallandtag 1843 etwa für die völlige staatsbürgerliche Gleichstellung der Juden in Preußen aus, während sein westfälisches Gegenstück für eine verschärfte Diskriminierung der jüdischen Minderheit plädierte.

An einem Strang zogen westfälischer und rheinischer Provinziallandtag dagegen, wenn es um die Ausweitung der Selbstverwaltung ging. Dieses Bemühen war auf lange Sicht auch durchaus erfolgreich. Seit der Einrichtung von Provinzialständischen Ausschüssen während der 1840er Jahre, die anders als die Landtage kontinuierlich arbeiteten, erweiterte sich die Zuständigkeit der Selbstverwaltung Stück für Stück in den Bereichen der öffentlichen Fürsorge, des Verkehrs und des Versicherungswesens. Institutionell aufgewertet wurde diese Tätigkeit mit der Gründung des Deutschen Reiches 1871 durch die Bildung von Provinzialverbänden. Zu Beginn der Weimarer Republik erweiterten sich deren Kompetenzen noch einmal um Zuständigkeiten in Landesplanung und Siedlungsbau. Die Provinzialverbände entsprachen damit weitgehend den nach dem Zweiten Weltkrieg gebildeten Landschaftsverbänden, die auf regionaler Ebene viele der Aufgaben übernehmen, zu denen die einzelnen Kommunen nicht in der Lage sind.

Wie bei der regionalen Selbstverwaltung schlugen auch im Bereich der Kommunalverfassung zu Anfang der preußischen Zeit die Wogen der Aufregung am höchsten. Der Streit war hier allerdings auf das Rheinland begrenzt. Dort hatten die Franzosen eine neue Kommunalverfassung eingeführt, die die traditionelle rechtliche Trennung zwischen Stadt und Land nicht mehr vorsah. Die preußische Städteordnung hielt dagegen an verschiedenen Kommunalverfassungen für Städte und Landgemeinden fest. Gegen wiederholte preußische Versuche, diese Ordnung auch in den Westprovinzen durchzusetzen, protestierte im Rheinland besonders das Bürgertum. Seine Vertreter argumentierten dabei mit dem Prinzip staatsbürgerlicher Gleichheit; außerdem würden auf dem Land mit der preußischen Ordnung schon überwundene feudal-ständische Strukturen wiederhergestellt.

Allerdings stand hinter solchen Argumenten weniger ein Eintreten für wirkliche Gleichberechtigung aller Staatsbürger als vielmehr die einseitige Vertretung bürgerlicher Interessen. Im Rheinland lagen viele der frühindustriellen Gewerbebetriebe in Landkreisen; die betroffenen Unternehmer wären also unter die Fuchtel der konservativen Grundbesitzer dort geraten, wäre die preußische Ordnung eingeführt worden. Fortschrittlich war der bürgerliche Widerstand gegen diese deswegen freilich nicht. Denn in den Städten sah die preußische Ordnung, die der reformorientierte Freiherr vom Stein entworfen hatte, weiter reichende Möglichkeiten zur Mitbestimmung und ein demokratischeres Wahlrecht vor als das von den Franzosen eingeführte System. Gerade dessen undemokratischer Charakter kam aber den Interessen der bürgerlichen Eliten entgegen.

Bezeichnenderweise konnten sich preußischer Staat und rheinisches Bürgertum schließlich auf einen Kompromiss einigen, der auf Kosten der Mehrheit der rheinischen Bevölkerung ging. In der neuen rheinischen Städteordnung wurde 1853 eine ausgesprochen autoritäre Kommunalverfassung mit einem extrem ungleichen Wahlrecht verbunden. Wählen durfte nur, wer ein relativ hohes Einkommen besaß; das waren gerade einmal fünf Prozent der Bevölkerung. Selbst für diese war das Wahlrecht noch einmal nach Steuerleistung verschieden: Wer mehr Steuern zahlte, dessen Stimme wog auch mehr. In Westfalen und dem übrigen Preußen war das Kommunalwahlrecht zwar auch ungleich, aber der Kreis der Wahlberechtigten etwas größer. In den Gemeinden des Rheinlands gab es damit jahrzehntelang das plutokratischste Wahlrecht in ganz Preußen. Erst 1918 wurde diese rheinische Besonderheit mit der Demokratisierung der Wahlsysteme in ganz Deutschland beseitigt, bevor 1933 Wahlen ohnehin zur Farce wurden.

Die neue Rechtsordnung, die während der zwei Jahrzehnte französischer Herrschaft im Rheinland um die Wende vom 18. zum 19. Jahrhundert etabliert worden war, verteidigte das ansässige Bürgertum ebenfalls vorrangig im eigenen Interesse gegen die Versuche der neuen Herren aus Berlin, ihr eigenes System einzuführen. Das «rheinische Recht» war also tatsächlich das französische. Umstritten waren im Wesentlichen das Zivilrecht («Code Civil» bzw. «Code Napoléon»), die Strafprozessordnung und das Handelsrecht. Während dem preußischen Allgemeinen Landrecht, obwohl beeinflusst von Gedanken der Aufklärung, noch weitgehend die Eierschalen der ständischen Gesellschaft anhafteten, in der es entstanden war, entsprach das französische Recht mit seinem Prinzip der Gleichheit vor dem Gesetz bereits wesentlich mehr der aufdämmernden modernen und industriellen Welt. Damit war es zukunftsweisender und kam anders als die rheinische Kommunalverfassung nicht nur bürgerlichen Schichten, sondern auch anderen sozialen Gruppen in der Region entgegen.

Der behutsamen Art des preußischen Umgangs mit seinen neuen Westprovinzen entsprechend, fand sich Berlin in den Jahren nach 1815 zunächst damit ab, eine Angleichung der Rechtsverhältnisse auf die lange Bank zu schieben. Zwischen den 1820er und den 1840er Jahren unternahm die preußische Regierung dann wiederholte Anläufe, den Sonderstatus des «rheinischen Rechts» zu beseitigen. Die bürgerlichen Eliten der Rheinprovinz wussten dagegen jedoch mehrfach Protestbewegungen zu mobilisieren, die teilweise den Charakter von Massendemonstrationen annahmen. Lediglich Teile des Adels in der Provinz sympathisierten mit den Vorstößen aus Berlin.

1851 kam es schließlich zu einer Kompromisslösung, die aber die Besonderheiten der rheinischen Rechtsordnung weitgehend bewahrte. Nur im Strafrecht wurde das preußische System übernommen. Dieses hatte sich freilich kurz vorher durch die Integration des Kernstücks der französischen Gerichtsverfassung, die Mündlichkeit des Verfahrens, selbst der rheinischen Praxis angenähert. Der Einfluss des «rheinischen Rechts» hat auch weiterhin die Entwicklung des preußisch-deutschen Rechtssystems begleitet, bis hin zum Bürgerlichen Gesetzbuch im Jahr 1900. Im diesem Bereich hat die Region letzten Endes Preußen mehr geprägt als umgekehrt. Durch den hohen Grad an öffentlicher Mobilisierung von Protest trug die Auseinandersetzung um das «rheinische Recht» während der Zeit des «Vormärz» aber auch in besonderem Maß zur regionalen Identitätsbildung bei. Das galt jedoch ausschließlich für die Rheinprovinz.

5. Konflikte um Staat und Kirche

Opposition gegen die Kirchenpolitik der preußischen Zentralregierung gab es im Rheinland wie in Westfalen. Tatsächlich waren Auseinandersetzungen um das Verhältnis von Staat und Kirche im Europa des 19. Jahrhunderts ein weit verbreitetes, ja allgemeines Phänomen. In der Region hatten diese Auseinandersetzungen bereits während der französischen Herrschaft begonnen. Nach 1815 gewannen sie noch an Schärfe, weil nun zwei Faktoren zusammenkamen: einerseits der Konflikt zwischen den Machtansprüchen kirchlicher und staatlich-säkularer Institutionen, andererseits die konfessionellen Gegensätze zwischen dem überwiegend protestantischen preußischen Kernland und den mehrheitlich katholischen Westprovinzen. Das hat in Letzteren Formen des Sonderbewusstseins befördert, wenn auch auf verschiedene Weise und in unterschiedlichem Ausmaß. Die Wogen der Aufregung gingen dort besonders hoch, wo Katholiken besonders zahlreich waren und traditionelle Religiosität vorherrschte, wie in den ländlichen Gegenden des Münsterlands oder des Niederrheins. Aber auch in Gebieten mit hohem Protestantenanteil an der Bevölkerung, wie im Bergischen oder Märkischen, kam es zu Spannungen zwischen den an althergebrachten Traditionen festhaltenden Gläubigen und dem preußischen Staat, der seit 1815 verstärkten Einfluss in kirchlichen Angelegenheiten beanspruchte.

Trotz des Grundsatzes eines landesherrlichen Kirchenregiments hatten die protestantischen Kirchen in der Region bisher weitgehende Autonomie genossen. Unter dem Einfluss des reformierten Bekenntnisses, das von den Niederlanden her ausstrahlte, war das kirchliche Leben von unten her, von den Gemeinden, aufgebaut gewesen. Gegen diese synodale Struktur versuchten die preußischen Könige in Westfalen und der Rheinprovinz seit 1815 ihr lutheranisches Konzept einer Hierarchie mit dem Monarchen als oberstem Kirchenherrn durchzusetzen. So wurde mit der rheinisch-westfälischen Kirchenordnung von 1835 eine staatliche Oberaufsicht durch Konsistorien und ein Ministerium für die geistlichen Angelegenheiten in Berlin etabliert. Daneben wurde den Protestanten in der Region zwischen den 1820er Jahren und 1895 eine auf Rituale konzentrierte Liturgie aufgezwungen, die der bisherigen Praxis des Gottesdiensts im Rheinland und in Westfalen, welche eher die Bedeutung des Wortes betonte, widersprach.

Pfarrer und Gläubige vor Ort unterliefen häufig die Anweisungen aus Berlin. Parallel zur Demokratisierung des politischen Systems kehrten nach dem Ersten Weltkrieg die protestantischen Kirchen in der Region schließlich zu synodalen Strukturen zurück. Die Tradition der Opposition gegen obrigkeitliche Gängelung schlug sich etwas später dann auch in ablehnender Haltung nicht weniger rheinischer und westfälischer Protestanten zur nationalsozialistischen Bewegung der «Deutschen Christen» nieder. Die Region wurde eine der Hochburgen der «Bekennenden Kirche», die das Konzept einer NS-Staatskirche verwarf. Diese grundsätzliche Stellungnahme wurde 1934 auf der ersten Synode der «Bekennenden Kirche» in Barmen verkündet. Verfasst hatte diese «Barmer Erklärung» größtenteils der Theologe Karl Barth von der Universität Bonn.

Mehr noch als unter Protestanten regte sich unter Katholiken des Rheinlands und Westfalens Protest gegen staatliche Ansprüche auf Kontrolle und Mitgestaltung kirchlichen Lebens. Während der Zeit des «Vormärz» geschah das sogar weitgehend ohne Hilfe von Seiten der Leitung der katholischen Amtskirche. Denn das Papsttum hatte sich in den ersten Jahren nach 1815 mit dem preußischen Staat über die Ausbildung katholischer Theologen an der Universität Bonn geeinigt, Berlin Einfluss auf die Besetzung der Domkapitel zugestanden und die Grenzen der Bistümer in Rheinprovinz und Westfalen erstmals an die politischen Grenzen angepasst. Es waren vielmehr führende Kleriker vor Ort, die auf Konfrontationskurs mit der preußischen Regierung gingen. Insbesondere galt das für den Kölner Erzbischof, den höchsten kirchlichen Würdenträger in der Region.

Mit den «Kölner Wirren» erreichte dieser Konflikt in den 1830er Jahren seinen Höhepunkt. Anlass war die Frage der katholisch-protestantischen Mischehen. Die preußische Regierung ging davon aus, dass Kinder aus solchen Mischehen jeweils die Konfession des Vaters annehmen sollten. Die katholische Seite erkannte solche Ehen dagegen nur an, wenn die Kinder katholisch erzogen wurden. Als der 1835 neu gewählte Kölner Erzbischof Clemens August von Droste-Vischering eine vorhergegangene Einigung über diese Frage nicht anerkannte, eskalierte die Auseinandersetzung schließlich so weit, dass die Berliner Regierung den Bischof unter Arrest stellte. Eine Welle der Solidarität mit Droste-Vischering lief daraufhin durch das Rheinland und Westfalen. Die regionale Publizistik stilisierte ihn zum Märtyrer für die Sache des Katholizismus. Die preußische Festung in Minden, wo er interniert war, wurde zum Ziel regelrechter Wallfahrten.

Erst ein Herrscherwechsel in Berlin machte Anfang der 1840er Jahre schließlich den Weg zu einer Kompromisslösung frei. Die Hohenzollern bemühten sich in der Folgezeit, ihre katholischen Untertanen in den Westprovinzen zu besänftigen. Die preußische Verfassung von 1850 garantierte Religionsfreiheit, brach also mit der bisherigen Praxis der Könige, Preußen als protestantischen Staat zu definieren. Dennoch blieb das Verhältnis gespannt. Als während des preußischen Krieges gegen das katholische Österreich 1866 in Westfalen Gerüchte von einer Niederlage Preußens umliefen, kam es in Münster zu Kundgebungen der Begeisterung. Während der deutschen Reichsgründung 1870/71 gründete sich die Zentrumspartei, deren organisatorischer Schwerpunkt in den preußischen Westprovinzen lag, um in dem neuen Nationalstaat katholische Interessen zu verteidigen. In der Region sollte sie bei allen Reichstagswahlen bis 1933 besser abschneiden als jede andere Partei.

Nach der Gründung des Deutschen Reiches kam es zu einer erneuten Zuspitzung der Lage, die im sogenannten «Kulturkampf» zwischen Staat und – vor allem – katholischer Kirche während der 1870er und 1880er Jahre gipfelte. Der preußische Ministerpräsident und deutsche Reichskanzler Otto von Bismarck sah in den rheinischen und westfälischen Katholiken heimliche Verbündete der von Preußen besiegten katholischen Mächte Österreich und Frankreich. Die mit Bismarck zunächst verbündeten Liberalen, gerade auch solche aus der Region, trieben ihn nicht zuletzt auf Grund ihrer gesellschaftspolitischen Ideale dazu an, den Einfluss der Kirche weiter einzuschränken. An der Verschärfung des Konflikts hatte diesmal zudem noch eine kompromisslose Haltung des Papsttums Anteil. So wurden katholische Orden vorübergehend aufgelöst, die Zivilehe eingeführt und Priestern Äußerungen von der Kanzel untersagt, die angeblich «den öffentlichen Frieden» gefährdeten. Bischöfe und Priester, die gegen solche von Verwaltung und Gerichten weit interpretierte Bestimmungen verstießen, erhielten saftige Geld- oder Haftstrafen. Die Bischöfe von Köln, Münster und Paderborn wurden ihres Amtes enthoben und mussten ins niederländische Exil gehen.

Große Teile der katholischen Bevölkerung in Westfalen und im Rheinland solidarisierten sich mit den Klerikern. Vor allem auf dem Land, aber auch in Großstädten wie Münster und Köln schlug den verfolgten Priestern und Bischöfen eine Welle der Sympathie entgegen. In Petitionen, Prozessionen und nicht zuletzt durch die massenhafte Wahl der Zentrumspartei fand der Protest Ausdruck. Bismarck sah schließlich ein, dass er den Bogen überspannt hatte. Auch weil er Unterstützung gegen die immer machthungrigeren Liberalen und die anschwellende sozialdemokratische Arbeiterbewegung brauchte, brach er den «Kulturkampf» in den 1880er Jahren ab. Schrittweise wurden die ärgsten Repressionen gegen die katholischen Organisationen zurückgenommen.

Das Zentrum mauserte sich danach vom erklärten «Reichsfeind» zur staatstragenden Partei. Zwar gab es auch nach dem «Kulturkampf» immer wieder Vorfälle, die zeigten, dass unter rheinischen und westfälischen Katholiken nach wie vor Misstrauen und Vorbehalte gegenüber Berlin existierten, die ein Sonderbewusstsein nährten. So erschien etwa in Köln 1898 eine Broschüre mit dem Titel «Die Parität in Preußen», die eine Diskriminierung von Katholiken bei der Vergabe von Beamtenstellen anprangerte – ein Thema, das schon unmittelbar nach 1815 in der Region vielfach Empörung produziert hatte. Und noch 1918/19 provozierten in Berlin angestellte Überlegungen, nach Konfessionen getrennte Schulen zu schließen und die Trennung von Staat und Kirche weiter voranzutreiben, einen Aufschwung separatistischer Strömungen im Rheinland. Nichtsdestoweniger scheinen auch die Katholiken hier – das legt unter anderem die weitere Entwicklung nahe – zu diesem Zeitpunkt bereits größtenteils mental in den Gesamtstaat integriert gewesen zu sein. Wie Preußen seit dem späten 19. Jahrhundert weitgehend im Deutschen Reich aufgegangen war, waren offenbar auch Rheinländer und Westfalen im Nationalstaat «angekommen».

6. Regionale Identitäten und nationales Gefühl

Regionale und nationale Identitäten schließen sich keineswegs gegenseitig aus. Vielmehr sind sie, wie neuere historische Forschungen zum Nationalismus gezeigt haben, häufig zwei Seiten derselben Münze. Die modernen Vorstellungen von der deutschen Nation haben sich weitgehend parallel zum rheinischen Regionalbewusstsein entwickelt. Das teilweise bereits vorhandene westfälische Regionalbewusstsein hat gleichzeitig andere und schärfere Konturen gewonnen. Diese Entwicklungen sind für die beiden preußischen Westprovinzen bisher erst punktuell erforscht worden. Einige Aspekte lassen sich aber schon in groben Strichen skizzieren.

Einen wichtigen Punkt, an dem regionale Identitätsbildung und nationales Gefühl sich berührten, markierte im 19. Jahrhundert der Weiterbau des Kölner Doms. Die im Mittelalter begonnene Arbeit an der gewaltigen Kathedrale war im 16. Jahrhundert zum Erliegen gekommen. Seit ungefähr 1800 forderten immer mehr Stimmen den Weiterbau. Der Dom wurde dabei als das wichtigste Werk sowohl der regionalen wie einer nationalen deutschen Baukunst gesehen. Unter dem Eindruck einer durch die «Befreiungskriege» gegen Frankreich hervorgerufenen nationalistischen Begeisterung rief der rheinische Publizist Joseph Görres 1814 dazu auf, die Vollendung des Doms als gemeinsame Aufgabe aller Deutschen in Angriff zu nehmen. Die protestantischen preußischen Könige griffen den Gedanken auf und trieben den Bau des katholischen Gotteshauses voran. Unterstützt wurden sie dabei vom überkonfessionellen Dombauverein, bis 1880 der fertige Dom in einer großen nationalen Feier eingeweiht wurde.

Wie der Dombauverein wurden auch zahlreiche Geschichtsvereine zu Motoren der Ausbildung von Regionalidentitäten, die sich in wachsendem Maß mit Nationalbewusstsein verbanden. Dazu gehörten der Verein für Geschichte und Altertumskunde Westfalens, der Verein von Altertumsfreunden in den Rheinlanden, der Historische Verein für den Niederrhein und viele mehr, die alle im 19. Jahrhundert entstanden. Während sie auf der einen Seite den disparaten historischen Traditionen der Region forschend nachspürten, konstruierten und vereindeutigten sie diese auf der anderen Seite zunehmend als Vorgeschichte der Gegenwart. Während etwa die Grenzen Westfalens zunächst, traditionellen Vorstellungen entsprechend, im Rhein und der Nordsee gesehen wurden, glichen sie sich im Lauf der Zeit tendenziell an die der preußischen Provinz an. Die Präsentation regionaler Geschichte in wissenschaftlichen Darstellungen wie in der Literatur verband sich seit der Mitte des 19. Jahrhunderts immer mehr mit dem Gedanken der Reichsidee. Diente die Beschäftigung mit der Vergangenheit in der Region anfangs noch manchmal zur Betonung eigener Identität gegenüber Preußen, so wurden diese regionalen Identitäten spätestens um 1900 ganz überwiegend als Teil einer nationalen Identität gesehen. Das Aufgehen Preußens im Deutschen Reich hat diese Entwicklung offensichtlich noch beschleunigt.

Bis heute vielfach sichtbarstes Zeichen dieser Vereinigung von regionalem und nationalem Gefühl sind die zahllosen Nationaldenkmäler, die im Rheinland und in Westfalen vor allem um die Wende vom 19. zum 20. Jahrhundert entstanden. Reiterstandbilder des ersten deutschen Kaisers Wilhelm I. wurden nicht nur auf den zentralen Plätzen der Großstädte, sondern noch auf denen der entlegensten Kreisstädte errichtet. Bismarcktürme schossen zwischen Mosel und Weser wie Pilze aus dem Boden.

Auch die antifranzösischen «Befreiungskriege» des frühen 19. Jahrhunderts erfuhren an dessen Ende in der Region eine nationalistisch getönte Glorifizierung. 1813/14 hatten eine schnell niedergeschlagene Rebellion gegen die Franzosen in Berg und die Bildung einiger weniger antifranzösischer Freikorps vor Ort eher den Spott von Zeitgenossen provoziert. Große Teile des Bürgertums und der Bevölkerungsmassen wollten von der französischen Herrschaft gar nicht befreit werden, oder sie standen ihr indifferent gegenüber. Allgemein als Belege für eine rheinisch-westfälische «Waffenbrüderschaft» mit Preußen und Deutschland verklärt wurden die antifranzösischen Aufstände erst jetzt. Gleichzeitig beschwor eine ganze Reihe von historischen Jubelschriften eine vermeintlich schon von jeher bestehende Harmonie zwischen Preußen und seinen Westprovinzen. Ob diese in den ersten Jahrzehnten nach 1815 tatsächlich existiert hatte, lässt sich zwar mit guten Argumenten in Frage stellen. Die Geschichtskonstruktionen rheinischer und westfälischer Historiker um die Wende vom 19. zum 20. Jahrhundert zeigen allerdings, dass es sie nun durchaus gab – zumindest in der Sicht des Bildungsbürgertums, aus der sich die Historiker und ihre Leser rekrutierten.

Nach dem Ersten Weltkrieg demonstrierte das Schicksal der rheinischen Separatistenbewegung, dass auch in der Masse der Bevölkerung das Regionalbewusstsein nicht mehr vom deutschen Nationalismus zu trennen war. Zwar fand die Idee, eine rheinische Republik zu gründen, während der chaotischen Revolutionsereignisse 1918/19 durchaus bei vielen gesellschaftlich einflussreichen Personen und den Mitgliedern mehrerer politischer Parteien ein positives Echo. An die Spitze der Bewegung stellte sich Konrad Adenauer, damals Oberbürgermeister von Köln. Allerdings dachten weder Adenauer noch die meisten anderen Repräsentanten der «Rheinlandbewegung» an eine Abspaltung von Deutschland, sondern allenfalls an die Bildung eines neuen rheinischen oder westdeutschen Bundesstaats im Verband des Deutschen Reiches. Zudem verlor selbst diese Perspektive für die meisten Beteiligten nach dem Ende der Revolution und der innenpolitischen Stabilisierung schon im Frühjahr 1919 bereits wieder jede Attraktivität.

Eine wirkliche Abspaltung vom Deutschen Reich strebte damals und in den nächsten Jahren nur eine sehr kleine Zahl von radikalen Separatisten an. Selbst die Ausrufung einer kurzlebigen autonomen Rheinischen Republik gelang im Sommer 1919 nur im Süden der Rheinprovinz, wo die französische Besatzungsmacht die Separatisten nach Kräften unterstützte. Dennoch scheiterte die Aktion sehr bald an Protesten und Streiks der Bevölkerung sowie dem Widerstand der deutschen Staats- und Kommunalbeamten vor Ort. Auch als die zwischenzeitlich zerstrittenen Separatisten sich 1923 auf französisches Drängen vereinigten und im Herbst des Jahres einen Putsch durchführten, um das Rheinland vom Deutschen Reich abzutrennen, blieben sie erfolglos. Trotz tatkräftiger Hilfe von Seiten der französischen und belgischen Besatzungsbehörden konnte die separatistische Bewegung sich wieder nicht durchsetzen, weil ihr nahezu jeder Rückhalt in der Bevölkerung fehlte.

Dagegen wurden die deutschen Soldaten, die 1936 das demilitarisierte Rheinland wieder besetzten, von der Masse der Bevölkerung begeistert begrüßt. Nur wenige Menschen störten sich daran, dass die unter Hitler drei Jahre zuvor an die Macht gekommenen Nationalsozialisten damit internationales Recht verletzten. Noch weniger realisierten sie wohl damals schon, dass mit der Remilitarisierung des Rheinlands ein Schritt auf dem Weg zum Zweiten Weltkrieg gemacht wurde.

Das Rheinland und Westfalen waren dabei keine nationalsozialistischen Hochburgen – im Gegenteil. Bei allen Wahlen der Weimarer Republik schnitten die Nationalsozialisten relativ zum Reichsdurchschnitt in den beiden preußischen Westprovinzen schlecht ab. Das war vor allem eine Folge des hohen katholischen Bevölkerungsanteils in der Region, denn Katholiken wählten vergleichsweise selten NSDAP. Außerdem war die kommunistische oder sozialdemokratische Arbeiterbewegung ebenfalls verhältnismäßig stark gewesen, besonders im Ruhrgebiet. Sie wurde nach der nationalsozialistischen Machtübernahme 1933 auch zum Träger eines organisierten politischen Widerstands, den das neue Regime allerdings bis 1936 weitgehend zerschlagen konnte. Von den Kirchen, ob katholisch oder protestantisch, und ihren Angehörigen in der Region ging dagegen kein prinzipieller Widerstand gegen den Nationalsozialismus aus. Wohl kam es zu isolierten widerständigen Aktionen einzelner Kleriker oder Laien. So protestierte der Münsteraner Bischof Clemens von Galen mutig gegen die systematische Ermordung Behinderter und chronisch Kranker. Vergleichbare Proteste gegen andere NS-Verbrechen gab es allerdings nicht. Auch zu massenhaften Protestaktionen gegen das Abhängen von Kreuzen in Schulen, wie es sie in Bayern, Oldenburg und in der Pfalz gab, ist es in der Region während der nationalsozialistischen Herrschaft nicht gekommen.

Die Deportation der jüdischen Bevölkerung ist von den nichtjüdischen Rheinländern und Westfalen meist stumm zur Kenntnis genommen worden. Auf begeisterte Zustimmung traf sie bei den wenigsten, und die antisemitische Gewalt der Nationalsozialisten wurde überwiegend missbilligt. Eine Protestdemonstration gegen Deportationen, wie sie unter allerdings außergewöhnlichen Umständen 1943 in Berlin zustande kam, hat es freilich weder im Rheinland noch in Westfalen gegeben. Angesichts des Bombenkriegs, der sich parallel zum Beginn der Deportationen in voller Wucht entfaltete und gerade westdeutsche Städte besonders in Mitleidenschaft zog, haben deren Bewohner gerne die frei gewordenen jüdischen Wohnungen bezogen. Auch für die von den deportierten Juden zurückgelassenen Möbel fanden sich viele Interessenten. Wie schon bei der Entlassung jüdischer Beamter und der erzwungenen «Arisierung» jüdischer Geschäfte gab es unter den Nichtjuden der Region wie anderswo in Deutschland kaum Skrupel, von der Diskriminierung und Verfolgung der Juden zu profitieren, auch wenn sich nur eine Minderheit aktiv daran beteiligte.

III. Das Land Nordrhein-Westfalen seit 1946

1. Aufbruch aus Ruinen: Die Gründung des Landes

Am 24. Juli 1946, einem heißen Sommertag, hielt ein Auto vor dem Gebäude am Hindenburgplatz in Münster, in dem die britische Militärregierung für Westfalen ihren Sitz hatte. Der westfälische Militärgouverneur Sir Henry Vaughan Berry begrüßte den Zivilisten, der dem Wagen entstieg. Es war William Asbury, britischer «Regional Commissioner» für das nördliche Rheinland. Die beiden Männer betraten das Gebäude durch den Vordereingang, der grundsätzlich Angehörigen der Besatzungsmacht vorbehalten war. Aber nicht einem seiner Landsleute galt der Besuch des aus Düsseldorf angereisten William Asbury. Gemeinsam mit Berry begab er sich in den rückwärtigen Anbau des Gebäudes der Militärregierung, in dem die deutsche Zivilverwaltung der Region saß, das Oberpräsidium Westfalen.

Der Oberpräsident Rudolf Amelunxen war ein Mann Ende fünfzig mit hoher Stirn und kräftigem Kinn, aber eingefallenen Gesichtszügen. Er trug einen alten Anzug, der für seine abgemagerte Figur deutlich zu weit war. Amelunxen hatte bereits eine steile Verwaltungskarriere in der Weimarer Republik hinter sich. Als Anhänger des linken Flügels der Zentrumspartei war er zunächst enger Mitarbeiter von Otto Braun, dem sozialdemokratischen Ministerpräsidenten von Preußen, und dann Regierungspräsident in Münster gewesen. Nach dem konservativen Staatsstreich gegen Preußen 1932 zwangsweise in den Ruhestand versetzt, wurde er von den Briten 1945 wieder eingestellt. Sein Büro war äußerst spartanisch eingerichtet – kein Teppich, kein Telefon, dafür ein großer Schreibtisch, auf dem zwischen Aktenstapeln eine primitive Tischglocke aus Holz und Zink auffiel. Die Fenster waren bei einem der letzten alliierten Bombenangriffe auf Münster im Vorjahr geborsten und seitdem nur notdürftig ausgebessert.

William Asbury kam ohne viel Umschweife zur Sache. Eine Woche zuvor hatte die Regierung Seiner Majestät im Radio ihren Entschluss bekannt gegeben, innerhalb der britischen Besatzungszone größere territoriale Einheiten mit Beteiligung deutscher Zivilverwaltung zu bilden. Eine dieser Einheiten, die «Länder» heißen würden, solle durch einen Zusammenschluss Westfalens und des nördlichen Rheinlands gebildet werden. Er, Asbury, sei beauftragt, den Herrn Oberpräsidenten zu fragen, ob dieser als erster Ministerpräsident des neuen Landes fungieren wolle.

Amelunxen zögerte zunächst. Tatsächlich konnte er der Idee des Zusammenschlusses persönlich nicht viel abgewinnen. Er erbat sich Bedenkzeit. Erst am nächsten Tag erklärte Rudolf Amelunxen den Briten gegenüber seine Bereitschaft, Ministerpräsident von Nordrhein-Westfalen zu werden. Ende August hatte er eine Regierung für das neue Land gebildet. Währenddessen ernannte die Besatzungsmacht die Delegierten für einen Landtag. Bei der Verteilung der Mandate auf die neu gegründeten Parteien orientierte sie sich dabei an den Ergebnissen der letzten demokratischen Wahlen von 1932. Am 2. Oktober 1946 eröffnete Amelunxen mit der primitiven Glocke aus Holz und Zink, die schon in seinem Münsteraner Oberpräsidentenbüro auf dem Schreibtisch gestanden hatte, im noch halbzerstörten Düsseldorfer Opernhaus die erste Sitzung des nordrhein-westfälischen Parlaments. Das Datum gilt heute als eigentlicher Gründungstag des Landes.

Auf deutscher Seite war die Gründung Nordrhein-Westfalens kurzfristig improvisiert und erfolgte ohne große Begeisterung. Die meisten Einwohner des neuen Landes hatten ohnehin drängendere alltägliche Sorgen. Unter denen, die überhaupt daran Anteil nahmen, standen nicht wenige wie Rudolf Amelunxen dem Zusammenschluss innerlich eher ablehnend gegenüber. Besonders in Westfalen war die Furcht verbreitet, man werde hinter dem rheinischen Landesteil nur die zweite Geige spielen. Im Rheinland konnten sich freilich auch nicht alle für die Fusion mit Westfalen erwärmen: Schließlich wurde durch diese von den Briten vorgeschlagene «Operation Marriage» die Abtrennung des südlichen Teils der alten preußischen Rheinprovinz, der in der französischen Besatzungszone lag, verfestigt und schließlich verewigt. Aber die Bildung des neuen Landes gab Rheinländern und Westfalen die Möglichkeit, bei der politischen Gestaltung der eigenen Zukunft mitreden zu können, statt diese ausschließlich der britischen Besatzungsmacht überlassen zu müssen.

Der Entschluss zur «Operation Marriage» fiel in London. Doch auch hier stand weniger ein langfristig verfolgter Masterplan dahinter als vielmehr die Kunst der Improvisation. Die Politik der britischen Besatzungsmacht an Rhein, Ruhr und Weser stellte eine flexible Reaktion auf äußerst komplexe Entwicklungen von globaler Bedeutung dar. Im Grunde war Nordrhein-Westfalen ein Kind des Kalten Krieges. Denn die Gründung des Landes hing eng zusammen mit dem heraufziehenden weltweiten Konflikt zwischen der Sowjetunion einerseits, den USA und ihrem engsten Bündnispartner Großbritannien andererseits.

Gemeinsam hatten diese drei Mächte 1945 das nationalsozialistische Deutschland und seine Verbündeten besiegt. Doch die Koalition der Siegermächte des Zweiten Weltkriegs war schon immer zerbrechlich gewesen. Im Frühjahr und Sommer 1946 zeigten sich in der Fassade ihrer Einheit deutlicher werdende Risse, die vor allem von London aus aufmerksam beobachtet wurden. Über die Räumung des im Krieg gemeinsam besetzten Persien kam es zum Streit zwischen der Sowjetunion und den beiden angelsächsischen Mächten. Der Beginn einer «sozialistischen» Umgestaltung in den von der Roten Armee besetzten Ländern Osteuropas vertiefte die Differenzen. So weckte unter anderem der Zusammenschluss von KPD und SPD zu einer Sozialistischen Einheitspartei in der sowjetisch besetzten Zone Deutschlands in London Argwohn gegenüber der sowjetischen Politik.

Die Pariser Konferenz, auf der der Außenminister Großbritanniens von März bis Juli 1946 mit seinen Kollegen aus der Sowjetunion, den USA und Frankreich unter anderem über die zukünftige Politik der vier Besatzungsmächte in Deutschland beriet, gab diesem Argwohn weiteren Auftrieb. Denn die sowjetische Delegation forderte in Paris eine Beteiligung an der Kontrolle des Ruhrgebiets, das in der britischen Besatzungszone lag. Offenbar ging es dem sowjetischen Diktator Stalin darum, Zugriff auf die Ressourcen dieses wichtigsten deutschen Industriegebiets zu erhalten. Doch während die Sowjetunion die Lieferung von Industriegütern und -anlagen aus dem Westen in ihren Machtbereich beanspruchte, verweigerte sie sich dem westlichen Anliegen, selbst Nahrungsmittel aus den Agrargebieten des Ostens in die Westzonen zu liefern.

Für die Briten wurde die Versorgung ihrer Zone mit Lebensmitteln jedoch mehr und mehr zu einer zentralen Frage nicht nur der Deutschlandpolitik. Insbesondere in den Industrieregionen des von ihnen besetzten Nordwestdeutschland reichte die vorhandene Nahrung immer weniger zur Ernährung der Bevölkerung aus. Aber auch in großen Teilen Westeuropas und in Großbritannien selbst waren Lebensmittel rationiert, und die Versorgung des eigenen Volkes gestaltete sich zusehends schwieriger. Die sowjetische Politik, so wurde in London vermutet, verweigerte Lebensmittellieferungen gezielt, weil sie darauf spekuliere, dass Hunger und Verzweiflung Deutsche und andere Europäer dem Kommunismus in die Arme treiben würden. Das aber hätte in den Augen der britischen Labour-Regierung, die sozialdemokratisch und gerade deshalb strikt antikommunistisch eingestellt war, eine Katastrophe bedeutet.

Allerdings hatte die Pariser Außenministerkonferenz auch einen Lichtblick eröffnet. Denn die USA signalisierten den Briten in Paris die Bereitschaft zu Unterstützung und einer gemeinsamen Deutschlandpolitik. Die amerikanische Ökonomie lief auf Hochtouren, und die US-Landwirtschaft produzierte hohe Überschüsse. Washington war in der Lage, dem vom Krieg gebeutelten Großbritannien und seiner Besatzungszone in Deutschland wirtschaftlich unter die Arme zu greifen. Zwischen den beiden angelsächsischen Mächten entwickelte sich zunehmend eine deutschlandpolitische Kooperation, die schließlich Anfang 1947 zur Fusion der britischen mit der amerikanischen Besatzungszone zur «Bizone» führte.

Diese britisch-amerikanische Kooperation hatte besonders einschneidende Folgen für die Politik Londons im rheinisch-westfälischen Raum. Bisher war die britische Regierung davon ausgegangen, dass die Amerikaner sich wie nach dem Ersten Weltkrieg bald wieder aus Europa zurückziehen würden. Deshalb hatte London den einzigen Bündnispartner gegen eine eventuelle Bedrohung durch die Sowjetunion in Frankreich gesehen und 1945/46 zunächst viel Rücksicht auf französische Interessen genommen. Dadurch manövrierte die britische Deutschlandpolitik sich freilich in ein Dilemma. Denn die Franzosen favorisierten eine Abtrennung des Rheinlands und möglichst auch des Ruhrgebiets von Deutschland, um den alten «Erzfeind» zu schwächen. Das aber, so war die britische Regierung überzeugt, werde die Deutschen den Sowjets in die Arme treiben.

Die Kooperation mit den USA beseitigte dieses Dilemma. Auf Frankreich Rücksicht zu nehmen, erschien nun nicht mehr nötig. Stattdessen entschied man sich in London für die Gründung eines großen Landes Nordrhein-Westfalen, dem 1947 schließlich noch das kleine Lippe angegliedert wurde. Das neue Land sollte Teil eines föderal aufgebauten zukünftigen deutschen Staates werden und das Ruhrgebiet umschließen.

Das bedeutete eine Absage an die Amputation des Rheinlands oder des Ruhrgebiets von Deutschland. Damit hoffte man, die Deutschen ebenso zu gewinnen wie mit dem Versprechen, sie an der Verwaltung des neuen Landes zu beteiligen. Außerdem werde, so argumentierte die britische Militärregierung vor Ort, die administrative Verknüpfung mit dem agrarischen Hinterland Westfalens die Nahrungsversorgung der industriellen Ballungsgebiete an Rhein und Ruhr erleichtern. Und schließlich könne die politisch eher konservative Bevölkerung der ländlichen Regionen die radikalen und kommunistischen Tendenzen in den Industriestädten ausbalancieren.

Die große Mehrheit der Menschen in Westfalen und dem nördlichen Rheinland, die Objekt solcher Überlegungen «großer Politik» war, beschäftigten 1946 freilich ganz andere Dinge. Den sich verschärfenden Spannungen zwischen den Besatzungsmächten und dem heraufdämmernden Kalten Krieg schenkten sie nur marginale Aufmerksamkeit. Die Gründung von Nordrhein-Westfalen fand noch weniger Beachtung. Die meisten Bewohner des neuen Landes bewegten vor allem ganz existenzielle Dinge: die Suche nach Essen und vielfach auch nach einem Dach über dem Kopf. Ähnlich wie bei Rudolf Amelunxen waren ihre Gesichter eingefallen vor Hunger und Entbehrung. Wie Amelunxen trugen auch viele andere Menschen alte und abgetragene Kleidung, die sie mit ihren abgemagerten Körpern nicht mehr ausfüllten. Bis kurz vor dem Ende des Zweiten Weltkriegs hatten die Deutschen auf Kosten der Bewohner der von ihnen besetzten Gebiete im übrigen Europa noch leidlich gut gelebt. Nun erfuhren sie am eigenen Leib die existentielle Not, in die der von Deutschland entfesselte Krieg und deutsche Ausbeutungspolitik den Großteil des Kontinents schon früher gestürzt hatten.

Diese Zusammenhänge wollten freilich nur wenige wahrhaben. Viele Deutsche verdrängten unmittelbar nach dem Krieg die nationalsozialistische Vergangenheit und ihre Wirkungen. Stattdessen war Selbstmitleid weit verbreitet. Kaum eine andere Quelle illustriert das so gut wie die Aufzeichnung des Engländers Stephen Spender, der 1945 das Rheinland und Westfalen bereiste, über seine Unterhaltung mit einer Frau am Straßenrand: Sie «schaute mich mit Leichenbittermiene an und sagte: ‹Armes Deutschland!› Ich sagte darauf nur: ‹Armes Holland, armes Belgien, armes Dänemark, armes Norwegen und armes Griechenland.› Sie schaute mich wieder mit einem stumpfen Blick an und meinte: ‹Ich kann mir ja denken, daß es denen allen schlecht geht, aber unser armes Deutschland trifft es immer am schlimmsten!›» Die eigene Not stand im Mittelpunkt der Wahrnehmung, und ihre tieferen Ursachen wurden verdrängt. Im Gründungsjahr Nordrhein-Westfalens erreichte diese Not ihren Höhepunkt.

Die Nahrungsversorgung war seit Kriegsende unzureichend. Ein erwachsener Mensch verbraucht im Ruhezustand täglich etwa 2400 Kalorien. Die Rationen in der britischen Zone betrugen im Frühsommer 1946 dagegen nur noch etwas mehr als 1000 Kalorien. Das entsprach ungefähr zwei Scheiben Brot mit Margarine, einer Schale Milchsuppe und zwei kleinen Kartoffeln. In den städtischen Ballungsräumen an Rhein und Ruhr waren die Rationen sogar noch geringer. Auf den Straßen brachen immer öfter Menschen vor Entkräftung bewusstlos zusammen. In den Schulen vermehrte sich die Zahl der Kinder mit aufgeblähten «Hungerbäuchen». Weil die meisten kaum noch Abwehrkräfte gegen Krankheitserreger mobilisieren konnten, verliefen Krankheiten wie Tuberkulose immer häufiger tödlich. Mehr als 10 000 Menschen starben 1946 auf dem Gebiet Nordrhein-Westfalens daran. Auch die Säuglingssterblichkeit stieg steil an, jedes zwölfte der 1946 geborenen Kinder überlebte sein erstes Jahr nicht.

Wie an Nahrung fehlte es auch an Wohnraum. Ein Drittel der vor dem Zweiten Weltkrieg im nördlichen Rheinland und in Westfalen vorhandenen Wohnungen war 1945 völlig zerstört. Ein weiteres knappes Drittel war beschädigt. Jahrelanger Bombenkrieg und Artilleriebeschuss während des Durchmarschs der Alliierten in den letzten Kriegsmonaten hatten nicht nur die meisten Großstädte an Rhein und Ruhr in Trümmerfelder verwandelt. Auch kleinere Städte wie Paderborn, Düren und Wesel waren zu über neun Zehnteln verwüstet.

Die Beseitigung der Trümmer dauerte 1946 noch an. Die von den Bomben gerissenen Baulücken zu schließen, sollte vielfach bis zum Ende der 1950er Jahre dauern. Zur Zeit der Gründung von Nordrhein-Westfalen war an Wiederaufbau freilich noch kaum zu denken. In den ersten fünf Jahren nach Kriegsende wurden im ganzen Land lediglich 80 000 neue Wohnungen gebaut. Angesichts des Mangels an fast jeder erdenklichen Art von Baumaterial konnten einstweilen nur beschädigte Wohnungen wieder notdürftig in Stand gesetzt werden. Wie Rudolf Amelunxen in seinem Büro als Oberpräsident von Münster lebten Millionen der frischgebackenen Nordrhein-Westfalen noch jahrelang in spartanisch eingerichteten Räumen mit provisorisch ausgebesserten Fenstern und Dächern. Vor dem Zweiten Weltkrieg hatten auf dem Gebiet Nordrhein-Westfalens jedem Einwohner 12 bis 16 Quadratmeter Wohnfläche zur Verfügung gestanden. Nach dem Krieg waren es nur gut sechs Quadratmeter.

Auf dem Land war die Ernährungslage zwar häufig besser. Schließlich saß man hier an der Quelle. Zudem waren die Bombenschäden in ländlichen Kreisen normalerweise geringer. Dafür gab es dort aber auch besonders hohe Quoten von Ausquartierten und Flüchtlingen, sodass die Versorgung mit Wohnraum häufig noch schlechter war als in den Städten. Zudem litten die Bewohner von Dörfern und Bauernhöfen bis 1948 unter Überfällen von Städtern, die auf ihrer verzweifelten Suche nach Nahrung vor Gewaltanwendung häufig nicht zurückschreckten.

Und auch in ländlichen Gegenden war fast alles Mangelware: Baumaterial, Treibstoff, Kohle zum Heizen und zum Antreiben von Maschinen, und nicht zuletzt die Maschinen selbst. Besonders verhängnisvoll machte sich der Mangel im Agrarsektor bemerkbar, wo neben Geräten Saatgut und künstlicher wie natürlicher Dünger fehlten. Schon vor dem Zweiten Weltkrieg hatte vor allem das nördliche Rheinland mehr Lebensmittel eingeführt als ausgeführt. 1945/46 konnten dort selbst die kargen Rationen bei Grundnahrungsmitteln wie Brot und Kartoffeln nur zu zehn Prozent, bei Butter und Margarine nur zu einem knappen Drittel aus eigener Produktion gedeckt werden.

Zur Zeit der Gründung von Nordrhein-Westfalen im Sommer 1946 schien immerhin der Tiefpunkt der Versorgungslage überschritten. Mit dem Einbringen der neuen Ernte konnten die Rationen leicht erhöht werden. Und an Rhein und Ruhr gab man sich der Hoffnung hin, nun verstärkt in den Genuss von Lebensmittellieferungen aus dem ländlichen Westfalen zu kommen. Doch das Schlimmste sollte erst noch kommen.

Im eisigen Jahrhundertwinter 1946/47 brachen die Verkehrsverbindungen zwischen den Regionen weitgehend zusammen. Flüsse und Kanäle, die Hauptverkehrswege in einem Land mit sonst weitgehend zerstörter Infrastruktur, froren zu und wurden unpassierbar. In vielen Großstädten hungerten die Menschen schlimmer als zuvor, und nun kam auch noch die beißende Kälte dazu. Die im Herbst zur Aufbesserung des kargen Speisezettels gesammelten Pilze, Nüsse, Bucheckern und Wurzeln verschiedenster Pflanzen waren bald verbraucht. Kartoffelschalensuppe, Brennnesselpudding und Löwenzahnsalat reichten auch nicht weit. Wer konnte, versorgte sich durch illegale Tauschgeschäfte beim Bauern, dem sogenannten «Hamstern», oder auch durch «Fringsen», benannt nach dem Kölner Kardinal Frings, der in einer Predigt Verständnis für kleine Diebstähle in Situationen elementarer Not ausgedrückt hatte. Schätzungsweise bis zur Hälfte aller Waren wurden so der offiziellen Verteilungswirtschaft entzogen – auf Kosten derjenigen Menschen, die keine Möglichkeit zum «Hamstern» oder «Fringsen» hatten.

Der Schwarzmarkt war der offensichtlichste Ausdruck des schleichenden Zusammenbruchs sozialer Solidarität. Unter den extremen Bedingungen äußerster Not verfiel der gesellschaftliche Zusammenhalt immer mehr. An die Stelle möglichst gerechter Verteilung des Wenigen trat zunehmend der von blankem Egoismus diktierte Kampf aller gegen alle. Damit einher ging ein sich beschleunigender Vertrauensverlust gegenüber der öffentlichen Verwaltung. Denn es war die «Ernährungsbürokratie» des neuen Landes Nordrhein-Westfalen, an das die britische Besatzungsmacht ihre Kompetenzen Schritt für Schritt abgab, der vielfach die Schuld an den Problemen gegeben wurde.

Hungerdemonstrationen und Streiks in den städtischen Ballungszentren erschütterten 1947 und erneut 1948 das neue Land an Rhein und Ruhr. Militärische und zivile Stellen der britischen Besatzungsmacht registrierten voller Sorge zunehmende Sympathien in der Bevölkerung für politischen Radikalismus von links und rechts. Das zarte Pflänzchen der Demokratie schien, kaum dass es gepflanzt worden war, in Nordrhein-Westfalen schon wieder zu verdorren.

2. «Lokomotive des Wiederaufbaus» und «soziales Gewissen» der Bundesrepublik (1946–1958)

Gemessen an dieser bedrohlichen Ausgangslage war die Entwicklung des neuen Landes in den späten 1940er und 1950er Jahren eine außerordentliche Erfolgsgeschichte. Die kurzlebige erste Landesregierung unter dem von den Briten ernannten Ministerpräsidenten Amelunxen konnte dafür freilich nur wenige

Anstöße geben. Nach den Landtagswahlen vom April 1947 wurde Amelunxen als Ministerpräsident durch Karl Arnold ersetzt. Arnold regierte Nordrhein-Westfalen für fast ein Jahrzehnt. In dieser Zeit vollzogen sich wirtschaftlicher Wiederaufbau und politische Konsolidierung des Landes.

Der CDU-Politiker Arnold wurde dadurch zum ersten «Landesvater». Selbst in einfachen Verhältnissen geboren und vor 1933 in den christlichen Gewerkschaften politisch sozialisiert, war sein Handeln stets von Verständnis für die Nöte «kleiner Leute» geprägt. Aus dem von ihm miterlebten Untergang der Weimarer Republik hatte er zudem die Lehre gezogen, dass die Stabilität einer Demokratie wesentlich von ihrem wirtschaftlichem Wohlergehen abhing. Deshalb lag die Priorität von Arnolds Politik als Ministerpräsident wie schon die seines Vorgängers auf der Beseitigung der wirtschaftlichen Probleme, vor allem der katastrophalen Ernährungslage: Wenn eine demokratische Kultur in Nordrhein-Westfalen Wurzeln schlagen sollte, dann erschien das nur möglich, wenn das neue System die existenzielle Not der Menschen linderte und eine Überwindung des allgegenwärtigen Mangels in Aussicht stellte.

Zumindest kurzfristig konnte das allein durch Hilfe von außen geschehen. Immer wieder bedrängten die ersten beiden Ministerpräsidenten in den frühen Jahren des neuen Landes die britische Besatzungsmacht, die Versorgung der Bevölkerung durch Nahrungsmittelimporte zu verbessern. Der Demontage von Industrieanlagen, die nach dem Willen von Briten und Amerikanern Nordrhein-Westfalen besonders schwer treffen sollte, setzte die Regierung Arnold hinhaltenden Widerstand entgegen, bis sie 1949 weitgehend beendet wurde. Parallel und flankierend zu diesen Bemühungen über offizielle Kanäle wurden von Düsseldorf aus auch Kontakte zu einflussreichen Privatpersonen und nichtstaatlichen Hilfsorganisationen im westlichen Ausland aufgebaut. Zu Unrecht weitgehend vergessen ist heute das Hilfswerk des englischen jüdischen Verlegers Victor Gollancz, der die Sendung von Lebensmittelpaketen aus Großbritannien nach Nordrhein-Westfalen organisierte. Besser in Erinnerung blieben die amerikanischen CARE-Pakete. Das Rote Kreuz päppelte unterernährte Kinder aus dem Ruhrgebiet auf skandinavischen und Schweizer Bauernhöfen wieder auf. Bei all diesen und vielen ähnlichen Aktionen waren Repräsentanten und Behörden des Landes Initiatoren und erste Anlaufstellen oder leisteten organisatorische Hilfe.

Auch diese Erfolge konnten freilich nur vorübergehend die Not lindern. Sie waren nicht dazu geeignet, das Versorgungsproblem dauerhaft zu lösen. Das konnte letzten Endes nur aus eigener Kraft geschehen. Um die nordrhein-westfälische Wirtschaft in die Lage zu versetzen, die Bevölkerung des Landes weitgehend aus eigener Kraft zu versorgen, mussten nach dem Raubbau und den Verwüstungen des Krieges dicke Bretter gebohrt werden. Eine dauerhafte Besserung der Versorgungslage war nur langfristig zu realisieren.

Um ein Grundvertrauen der Bevölkerung in den neuen Staat zu schaffen, war vor allem die Herstellung einer gerechten Verteilung der Nahrungsmittel nötig. Der Schwarzmarkt, in dem 1946/47 etwa die Hälfte der verfügbaren Güter umgesetzt wurde, musste ausgetrocknet werden. Ein Ansatzpunkt dafür war die Verschärfung von Kontrollen. Dazu schlug schon die Regierung Amelunxen der Besatzungsmacht den beschleunigten Aufbau einer Landespolizei vor, die den Schwarzmarkt bekämpfen und die endemisch um sich greifenden Plünderungen unterbinden sollte. Die Briten hatten jedoch andere Vorstellungen zur Organisation der inneren Sicherheit. Und auch ohne das britische Veto hätte sich die Umsetzung der Pläne wohl noch jahrelang verzögert, war doch gerade die Polizei einer der Bereiche, bei denen sich das Problem der Belastung des vorhandenen Personals durch den Nationalsozialismus besonders dringend stellte.

Die Entnazifizierung war schon von der britischen Besatzungsmacht pragmatisch und selektiv durchgeführt worden. Allein die Vergangenheit von Beamten durchleuchtete sie gründlich. Nur jeder achte Erwachsene im Land musste sich einem Entnazifizierungsverfahren unterziehen. Seit Ende 1947 die Verantwortung für diese Verfahren weitgehend in deutsche Hände überging, wurden auch die Urteile immer milder, bis ein Landesgesetz die Entnazifizierung 1952 ganz beendete. Die Entwicklung in Nordrhein-Westfalen unterschied sich dabei nicht grundsätzlich von der in anderen Bundesländern. Neben grundsätzlicher Skepsis gegenüber den Möglichkeiten eines schematischen Verfahrens, die von den Briten geteilt wurde, war dafür auf deutscher Seite das weit verbreitete Bedürfnis nach einem Schlussstrich unter die nationalsozialistische Vergangenheit verantwortlich. Aber auch die Überzeugung, dass man ohne die Mitarbeit früherer Nationalsozialisten die wirtschaftliche Krise der Gegenwart nicht meistern könne, spielte eine wichtige Rolle. Deshalb hatte bereits die Besatzungsmacht auf eine Entnazifizierung von Bauern und Bergleuten fast völlig verzichtet.

Um die aus Sicht der Zeitgenossen alles andere überragende Versorgungsproblematik zu lösen, arbeiteten die Landesregierungen unter Amelunxen und Arnold in den späten 1940er Jahren immer wieder neue Erfassungssysteme für landwirtschaftliche Produkte aus. Unter anderem versuchte man durch Prämien für vermehrte Ablieferung bei den öffentlichen Verteilungsstellen dem Schwarzmarkt einen Riegel vorzuschieben. Alle diese Versuche scheiterten aber, solange das Angebot nicht der Nachfrage entsprach. Erst die massive Erhöhung von Einfuhren aus den USA, die 1948 mit einer guten Ernte und der Währungsreform zusammenfiel, entspannte die Versorgungslage schließlich. Es dauerte aber noch bis 1950, bis die Rationierung von Lebensmitteln aufgehoben werden konnte. Die jahrelange Hungererfahrung hinterließ tiefe mentale Spuren: So dürfte die Akzeptanz der jahrzehntelangen massiven Subventionierung des europäischen Agrarmarkts eng damit zusammenhängen.

Neben der Landwirtschaft war die Kohleproduktion die zweite Achillesferse des wirtschaftlichen Wiederaufstiegs der Regionen an Rhein und Ruhr, wenn nicht ganz Westdeutschlands. Kohle war von zentraler Bedeutung nicht nur für den Hausbrand und den Verkehr. Ohne Kohle, die den Hauptexportartikel der Region darstellte, ließen sich auch Importe von Lebensmitteln und anderen Waren nicht bezahlen. Der Wiederaufbau der eisenverarbeitenden Industrie hing ebenfalls von der

Kohle ab. Und ohne Eisenverarbeitung konnten keine Maschinen für andere Wirtschaftszweige einschließlich der Landwirtschaft produziert werden. Da die westdeutsche Kohle- und Stahlproduktion größtenteils in Nordrhein-Westfalen konzentriert war, wurde das neue Land so zur «Lokomotive des Wiederaufbaus».

Bei Ende des Zweiten Weltkriegs hatte die Produktion der Zechen an der Ruhr nur noch ein Drittel des Durchschnitts der 1920er und 1930er Jahre betragen. Weil es keine Kohle zum Heizen gab, verfeuerten viele Nordrhein-Westfalen im eisigen Winter von 1946/47 das, was der Bombenkrieg von ihrer Wohnungseinrichtung übrig gelassen hatte. Um 1950 war jedoch in etwa wieder das durchschnittliche Produktionsniveau der Zwischenkriegszeit erreicht. Und danach wurde es sogar zunehmend übertroffen. Dieser schnelle Anstieg der Kohleproduktion ermöglichte den allgemeinen Wirtschaftsboom der 1950er Jahre. Am Ende dieses Jahrzehnts war der Wiederaufbau in den meisten Branchen gelungen, und die durch den Bombenkrieg geschlagenen Baulücken in den Städten waren wieder weitgehend geschlossen. Das erleichterte auch die Integration der Vertriebenen und Flüchtlinge, die nach 1950 massenhaft in die industriellen Ballungszonen Nordrhein-Westfalens strömten. Die Bevölkerung des Landes stieg dadurch innerhalb eines Jahrzehnts von gut 13 auf fast 16 Millionen Einwohner.

Die Erhöhung der Kohleproduktion war kein Selbstläufer. Sie vollzog sich vielmehr in einem Rahmen, den regionale, nationale und globale Entwicklungen und Entscheidungen setzten. 1947 führte das Land eine bevorzugte Versorgung der Bergleute mit Konsumgütern ein. Das trug dazu bei, dass die Zahl der «Kumpel» in rasantem Tempo zunahm. Nicht etwa technische Innovationen, sondern mehr Arbeitskräfte ermöglichten den Anstieg der Kohleförderung. Die Produktivität pro Bergmann veränderte sich an der Ruhr während der gesamten 1950er Jahre kaum. Zusätzlich gefördert wurde die an Rhein und Ruhr konzentrierte Montanindustrie seit 1951 noch durch ein Investitionshilfeprogramm, das Land, Bund und Wirtschaftsverbände gemeinsam anregten. Die Investitionshilfen für Bergbau und

Stahlhütten wurden dabei im Umlageverfahren von den anderen Wirtschaftszweigen erhoben. Das geschah vor dem Hintergrund des Koreakriegs, der die weltweite Nachfrage nach Stahl stark ansteigen ließ. Der «Koreaboom» sorgte für eine Intensivierung der lang anhaltenden Aufschwungphase, die den Zeitgenossen geradezu als «Wirtschaftswunder» erschien. Eingesetzt hatte dieser Boom schon mit der Währungsreform 1948. Diese war Teil einer ordnungspolitischen Option für die Marktwirtschaft – einer Entscheidung, die freilich weniger in Düsseldorf als in Bonn gefallen war.

Über kaum ein anderes Thema wurden in den ersten Jahren Nordrhein-Westfalens so heftige öffentliche Kontroversen geführt wie um die Ausgestaltung der Wirtschaftsordnung. Zunächst waren die hauptsächlichen Kontrahenten die Landesregierung einerseits und die britische Besatzungsmacht andererseits. Dabei wandelten sich die Positionen beider Seiten im Lauf der Zeit diametral.

Bis 1947 bemühten die Briten sich um die Einführung von mehr Planung und gemeinwirtschaftlichen Elementen. Das entsprach der Philosophie der in London regierenden Labour-Partei. Diese zielte ordnungspolitisch auf einen «dritten Weg» zwischen Plan- und Marktwirtschaft, den sie auch in ihrer Besatzungszone gehen wollte. In der Praxis lief das auf eine Erweiterung des staatlichen Einflusses in der Wirtschaft hinaus. Wie in Großbritannien sollte deshalb auch in Nordrhein-Westfalen der Bergbau sozialisiert werden. Darüber hinaus regte die Besatzungsmacht eine Bodenreform an. Und sie initiierte den Aufbau von Wirtschaftskammern, die eine möglichst weitgehende staatliche Kontrolle und Lenkung privater Unternehmen gewährleisten sollten.

Unter Amelunxen leistete die nordrhein-westfälische Landesregierung dagegen hinhaltenden Widerstand. So verschleppten die marktwirtschaftlich eingestellten Beamten des Wirtschaftsministeriums nach Kräften den Aufbau der Kammern. Der Ministerpräsident deckte diese Verschleppungstaktik – sogar gegen den sozialdemokratischen Wirtschaftsminister selbst, der die britische Politik unterstützte.

Nachdem Arnold den Posten des Ministerpräsidenten übernommen hatte, änderte sich das jedoch. Der christliche Gewerkschafter Arnold trat nachdrücklich für eine Erweiterung des öffentlichen Einflusses in der Wirtschaft ein. Dabei hatte er eine große Mehrheit der Abgeordneten des ersten Landtags hinter sich. Neben SPD, KPD und Zentrumspartei waren auch große Teile der CDU-Fraktion für eine Einschränkung der Marktwirtschaft. Nur die FDP sprach sich geschlossen dagegen aus. Der Landtag verabschiedete 1948 mit großer Mehrheit zwei Gesetze zur Sozialisierung des Bergbaus und zu einer Bodenreform. 1949 folgte ein Gesetz zur Errichtung von Wirtschaftskammern.

Doch in der Zwischenzeit hatte sich auch die Haltung der Besatzungsmacht in ihr Gegenteil verkehrt. In den Augen der wichtigsten Verbündeten Großbritanniens, den USA, gab es nur graduelle Unterschiede zwischen der britischen Politik eines «dritten Weges» und der «sozialistischen Umgestaltung», die unter sowjetischem Druck gleichzeitig in den osteuropäischen Ländern durchgeführt wurde. Angesichts des sich zuspitzenden Ost-West-Gegensatzes übten die Amerikaner deshalb Druck auf die Briten aus, ihre Politik zu revidieren. Da Großbritannien unter anderem für die Versorgung seiner Besatzungszone in Deutschland, die zudem seit 1947 mit der amerikanischen Zone vereinigt war, auf Unterstützung aus Washington angewiesen war, blieb London nichts anderes übrig, als sich zu beugen.

Obwohl der Landtag sich bei allen der drei 1948/49 verabschiedeten Gesetze auf britische Initiativen berufen konnte, legte die Militärregierung in jedem Fall ihr Veto ein. Der Errichtung von Wirtschaftskammern verweigerte sie die Genehmigung. Das Gesetz über die Bodenreform ließ sie nur in einer stark entschärften Fassung passieren, die dann kaum praktische Auswirkungen hatte. Dem Herzstück des Gesetzespakets, der Sozialisierung des Bergbaus, widersetzte sie sich ebenfalls. Ein so weitgehender Eingriff in das Wirtschaftsleben könne, so die vorgeschobene Begründung der Besatzungsmacht, nicht auf Landes-, sondern nur auf Bundesebene beschlossen werden.

Damit hatten die Briten freilich der Sozialisierung in Nordrhein-Westfalen den «Totenschein» ausgestellt, wie der spätere

Ministerpräsident Heinz Kühn treffend formulierte. Denn auf Bundesebene hatte sich mittlerweile unter der Kanzlerschaft Konrad Adenauers eine Regierung etabliert, die sich wirtschaftspolitisch an amerikanischen Vorstellungen orientierte. Der Christdemokrat Adenauer war zwar nominell «Parteifreund» des ebenfalls christdemokratischen Karl Arnold. Tatsächlich standen beide aber für zwei verschiedene Richtungen der CDU – ganz abgesehen davon, dass auch das persönliche Verhältnis zwischen ihnen alles andere als herzlich war. Der politische Pragmatiker Adenauer optierte unter den Bedingungen des globalen Ost-West-Konflikts für die Bindung an den Westen und die Marktwirtschaft. Der christliche Gewerkschafter Arnold hielt dagegen stets am Grundsatz des Ahlener Programms der Christdemokraten von 1946 fest, wonach eine Ausweitung des staatlichen Einflusses in der Wirtschaft am besten soziale Gerechtigkeit garantiere.

Der Gegensatz zwischen Arnold und Adenauer wurde in den 1950er Jahren zur personellen Zuspitzung eines umfassenderen Gegensatzes zwischen Landes- und Bundesregierung. Stand Bonn mit Adenauers Wirtschaftsminister Ludwig Erhard für den Glauben an die positiven Kräfte des Marktes, so verstand sich Düsseldorf als das «soziale Gewissen» der 1949 gegründeten Bundesrepublik. Auch in großen Teilen des Landtags und der Bevölkerung Nordrhein-Westfalens war die Überzeugung verbreitet, das größte Bundesland müsse die Rolle eines sozialen Korrektivs des ordnungspolitisch liberalen Kurses der Bonner Politik übernehmen.

Die nordrhein-westfälische Verfassung, 1950 durch eine Volksabstimmung angenommen, enthielt erneut eine Bestimmung zur Überführung der Großbetriebe in der Grundstoffindustrie in Gemeineigentum. Doch gegen den Widerstand aus Bonn war die Sozialisierung nicht zu erreichen. Sozusagen als Trostpreis verlegte das Land sich deshalb darauf, zumindest eine Ausweitung der Mitbestimmung durchzusetzen. In den nach Kriegsende entflechteten Stahlbetrieben an Rhein und Ruhr, die unter Treuhandverwaltung standen, war die paritätische Besetzung von Aufsichtsräten durch Vertreter der Arbeitgeber- und Arbeitnehmerseite schon 1947 eingeführt worden. Als Bundesregierung und Unternehmer Anfang der 1950er Jahre die entflechteten Betriebe wieder zusammenlegen wollten, liefen Gewerkschaften und nordrhein-westfälische Landesregierung gegen eine dadurch drohende Einschränkung der Mitbestimmung Sturm. Weil Adenauer jedoch bei den Verhandlungen, die er mit den Regierungen der westeuropäischen Staaten über die Gründung der Europäischen Gemeinschaft für Kohle und Stahl (Montanunion) führte, die Unterstützung der Gewerkschaften brauchte, bot Bonn schließlich sogar die von Düsseldorf gewollte Ausweitung der paritätischen Mitbestimmung an. Seit 1951 galt sie nicht mehr nur in der Stahlbranche, sondern auch im Bergbau.

Wie in der Frage der Mitbestimmung wirkte das Land auch im Wohnungsbau als «soziales Gewissen» der jungen Bundesrepublik. Um 1950 wurden mehr als die Hälfte der in Westdeutschland errichteten Sozialwohnungen in Nordrhein-Westfalen gebaut. Dabei zählte das Land nur etwa ein Viertel der Einwohner der Bundesrepublik. Auch in den nächsten zwei Jahrzehnten baute Nordrhein-Westfalen überproportional viele Sozialwohnungen. Statt auf eine stärker marktwirtschaftliche Lösung der Wohnungsnot zu setzen, wie sie von der Bonner Zentralregierung und anderen Bundesländern bevorzugt wurde, hielt Düsseldorf am staatlichen Engagement im Wohnungsbau fest. Diese Politik wurde von einer großen parteiübergreifenden Mehrheit im Landtag getragen.

Überhaupt kennzeichnete während der späten 1940er und der 1950er Jahre ein konsensualer Geist die Atmosphäre im Düsseldorfer Landesparlament. Unter Amelunxen hatten seit dem Herbst 1946 alle fünf im Landtag vertretenen Parteien der Regierung angehört. Im ersten Kabinett Arnold saßen zwischen 1947 und 1950 dann Minister der CDU, der SPD, des Zentrums und sogar der KPD. Nur die FDP blieb außen vor – obwohl Adenauer sich nachdrücklich gegen diese «Große Koalition» ausgesprochen und für ein Bündnis von Christdemokraten und Freien Demokraten plädiert hatte, das er selbst in Bonn einging.

Die Düsseldorfer Große Koalition brach dann zwar bei den Beratungen über die Landesverfassung 1950 auseinander. Ihre Hauptträger, CDU und SPD, waren sich allerdings in den meisten Fragen einig. Nur über die Schulpolitik bestand ein tiefer Dissens, der schließlich zum Bruch führte. Die Festschreibung von nach Konfessionen getrennten Schulen, die Christdemokraten und Zentrum wollten, war für Sozialdemokraten wie Kommunisten nicht akzeptabel. Die Polemik, mit der von sozialdemokratischer Seite das zwei Jahre später den Landtag beschäftigende Schulgesetz kommentiert wurde – man müsse sich wohl auch auf konfessionell getrennte Toiletten einstellen –, illustriert die seltene Verbissenheit, mit der diese Auseinandersetzung geführt wurde.

Doch von Schulfragen abgesehen markierte 1950 keine Zäsur in der nordrhein-westfälischen Politik. Anders als in Bonn und auch für Düsseldorf von Adenauer erneut propagiert, bildete sich im Land damals keine CDU/FDP-Koalition. Stattdessen führten Arnolds Christdemokraten im Bündnis mit der Zentrumspartei ihre vor allem sozial ausgerichtete Politik fort. Die SPD verstand sich außer in Bildungsfragen weitgehend als regierungsloyale Opposition. Damit blieb sie freilich weitgehend konturlos. Vom Verschwinden der kleineren Parteien konnte sie so deutlich weniger profitieren als die CDU: Die in Nordrhein-Westfalen zunächst recht starke KPD hatte ihr Ansehen wie auf Bundesebene bei den Wählern im Land bereits weitgehend verspielt, als sie 1956 verboten wurde. Auch das Zentrum versank im Lauf der 1950er Jahre in der politischen Bedeutungslosigkeit; seit 1958 war es nicht mehr im Landtag vertreten.

Für die Interessenvertretung des Landes nach außen hatte die Nähe zwischen den beiden größten politischen Parteien CDU und SPD nicht selten Vorteile. Am augenfälligsten war das bei der Gründung des Westdeutschen Rundfunks 1954/55. Die Briten hatten für ihre gesamte Besatzungszone eine einzige Rundfunkanstalt lizenziert. Von Schleswig an der dänischen Grenze bis Blankenheim in der Eifel hörten die Menschen ein Jahrzehnt lang so dasselbe Radioprogramm. Die Zentrale des Nordwestdeutschen Rundfunks saß in Hamburg. Von jeher hatte es aus Nordrhein-Westfalen deshalb Klagen darüber gegeben, nordrhein-westfälische Themen würden im Programm des NWDR nicht ausreichend berücksichtigt. Schließlich kam es über die Besetzung eines Postens im Verwaltungsrat des Senders zum Bruch. Gemeinsam erreichten Christdemokraten und Sozialdemokraten im Düsseldorfer Landtag von der Besatzungsmacht, die bis 1955 noch Vorbehaltsrechte besaß, die Zustimmung zur Gründung einer eigenen nordrhein-westfälischen «Landesrundfunkanstalt».

Das geschah, obwohl die CDU seit 1954 erstmals mit der FDP die Landesregierung bildete. Arnold war diese Koalition nur unwillig eingegangen. Die Verluste der Zentrumspartei bei den Landtagswahlen des Jahres machten aber die Suche nach einem neuen Bündnispartner unvermeidlich. Der Ministerpräsident hätte am liebsten wieder mit der SPD koaliert, mit der es viele, vor allem sozialpolitische Gemeinsamkeiten gab. Aus Rücksicht auf die Bundespolitik, wo die Sozialdemokraten sich der außenpolitischen Westorientierung immer noch verweigerten, kam das jedoch nicht in Frage.

Die wechselseitige Beeinflussung von Landes- und Bundespolitik wurde nun immer enger. 1955 schlug Adenauer in Bonn ein neues Wahlrecht vor, das effektiv ein Zweiparteiensystem zur Folge gehabt hätte. Die davon in ihrer Existenz gefährdete FDP reagierte prompt: Die nordrhein-westfälischen Liberalen schlugen den Sozialdemokraten ein Regierungsbündnis in Düsseldorf vor. Hinter dem Vorschlag stand vor allem das Ziel, mit den Stimmen des größten Bundeslands im Bundesrat der Wahlreform einen Riegel vorschieben zu können. Zudem verfügten die Liberalen in Nordrhein-Westfalen über eine starke Gruppe junger Abgeordneter, die nach einem eigenen Profil in der politischen Mitte suchten.

Bezeichnenderweise reagierten die völlig überraschten Sozialdemokraten in Düsseldorf auf das Bündnisangebot der FDP zunächst ablehnend und boten stattdessen ihrerseits der CDU eine Große Koalition an. Doch Karl Arnold, der den Ernst der Lage nicht erkannte, sagte Nein. Daraufhin begann die SPD nun doch Koalitionsgespräche mit den Liberalen. Im Januar 1956 wurde

Arnold durch ein Misstrauensvotum gestürzt. Seine Position als Ministerpräsident nahm für die nächsten zweieinhalb Jahre der Sozialdemokrat Fritz Steinhoff ein.

Steinhoff war ein relativ farbloser SPD-Funktionär. Aus einer Bergmannsfamilie stammend, behielt er die vor allem soziale Prioritäten setzende Politik seines Vorgängers bei. Christdemokraten und Sozialdemokraten tauschten im Landtag zwar die Bänke von Regierung und Opposition. Doch ein Kurswechsel ergab sich daraus nicht. Auch die FDP, die ihr Hauptziel der Verhinderung einer Wahlrechtsreform im Bund erreicht hatte und deren Düsseldorfer «Jungtürken» für eine programmatische Neuorientierung jenseits der traditionellen marktwirtschaftlichen Ausrichtung ihrer Partei offen waren, trug den alten Kurs mit. Die erste sozialliberale Koalition in Düsseldorf blieb so nur ein weitgehend folgenloses Intermezzo.

3. Wohlstandsgesellschaft und Krisenbewusstsein: Die Ära Meyers (1958–1966)

Bei den Landtagswahlen 1958 eroberten die Christdemokraten die Regierungsgewalt wieder zurück. Es war ein Erdrutschsieg: Die CDU verbesserte sich gegenüber dem Urnengang von 1954 um mehr als neun Prozent. Zum ersten Mal in der Geschichte Nordrhein-Westfalens gewann eine Partei die absolute Mehrheit der abgegebenen Stimmen. Für die nächsten acht Jahre bestimmten die Christdemokraten wieder die Richtlinien der Politik in Düsseldorf – zunächst allein, nach leichten Verlusten 1962 mit der FDP als Juniorpartner.

Der Spitzenkandidat der CDU, Karl Arnold, war sieben Tage vor dem Wahltermin gestorben. Ministerpräsident wurde deshalb – nach heftigen parteiinternen Auseinandersetzungen – der Senkrechtstarter Franz Meyers. Der Sohn eines Polizeibeamten und promovierte Rechtsanwalt Meyers hatte eine politische Blitzkarriere gemacht. Erst 1948 in die CDU eingetreten, wurde er 1952 nordrhein-westfälischer Innenminister. 1957 organisierte er den Wahlkampf seiner Partei im Bund mit sensationellem Erfolg: Die Christdemokraten gewannen eine absolute

Mehrheit. Musisch veranlagt und künstlerisch interessiert, schmiedete Meyers hochfahrende Pläne zur Hebung des Landesbewusstseins und zum Ausbau Düsseldorfs als repräsentativem Regierungssitz. Unter anderem geht die Gründung der Kunstsammlung Nordrhein-Westfalen auf seine Initiative zurück. In vielfacher Hinsicht verkörperte er eine ganz andere Politik als Arnold. Wo dieser Nordrhein-Westfalen als «soziales Gewissen» der Bundesrepublik hatte sehen wollen, erklärte Meyers in seiner ersten Regierungserklärung 1958 ganz prosaisch die Konsolidierung des Landes zur vorrangigen Aufgabe. Im Gegensatz zu Arnold harmonierte er zumindest am Anfang seiner Regierungszeit als nordrhein-westfälischer Ministerpräsident durchaus mit dem Bundeskanzler. In der Presse galt er deshalb als Adenauers «Kö-Pilot».

Die überwältigenden Wahlsiege der CDU in Bund und Land 1957/58 sind kaum zu erklären ohne den präzedenzlosen Wirtschaftsboom des vorausgegangenen Jahrzehnts. «Wohlstand für alle» hatte Adenauers Wirtschaftsminister Erhard als Folge einer Option für die Marktwirtschaft versprochen. Und dieses Versprechen schien nun, am Ende der 1950er Jahre, Wirklichkeit zu werden. Nachdem die Christdemokraten im Land mit nur einer kurzen Unterbrechung den Ministerpräsidenten und im Bund kontinuierlich den Kanzler gestellt hatten, wurde die Not der Nachkriegsjahre nach einer arbeitsreichen Phase des Wiederaufbaus zunehmend von einer Wohlstandsgesellschaft abgelöst. Zwar blieben soziale Unterschiede im materiellen Wohlergehen durchaus erhalten. Aber fast alle Teile der Gesellschaft profitierten von einem «Fahrstuhleffekt», der den Wohlstand allgemein anhob – also auch für die, die «unten» in den Fahrstuhl einstiegen.

Arbeitslosigkeit, die in Nordrhein-Westfalen schon frühzeitig wesentlich geringer gewesen war als im Bundesdurchschnitt, gab es seit Mitte der 1950er Jahre praktisch nicht mehr. Es herrschte Vollbeschäftigung, ja Arbeitskräftemangel. Das waren gute Voraussetzungen für die Masse der abhängig Beschäftigten, ihre Arbeitsbedingungen zu verbessern und ihren Anteil an den Früchten des Wirtschaftsbooms zu erstreiten. Die Arbeitszeit sank, sodass Ende der 1950er Jahre die Fünf-Tage-Woche eingeführt werden konnte. Währenddessen stiegen die Reallöhne im Land bis 1966 auf das Doppelte des Wertes von 1950. Die Arbeitnehmer konnten also am Ende der Ära Meyers für ihren Lohn inflationsbereinigt zwei Mal so viel kaufen wie zu Beginn der 1950er Jahre. Tatsächlich war das verfügbare Einkommen der statistischen Durchschnittsfamilie noch höher, weil deutlich mehr Frauen jetzt einer bezahlten Beschäftigung nachgingen.

Der starke Anstieg der Einkommen bewirkte eine rapide Ausweitung des Konsums. Statt einer Beschränkung der Ausgaben auf eine Deckung elementarer Grundbedürfnisse wurde es zunehmend möglich, ausgefallenere Wünsche zu befriedigen. Hatte ein Durchschnittshaushalt in Nordrhein-Westfalen 1950 noch fast die Hälfte seines Budgets für Nahrungsmittel ausgegeben, waren es zehn Jahre später weniger als 40 Prozent, mit weiter fallender Tendenz. Auch die Ausgaben für Kleidung gingen zurück. Dagegen stieg der Anteil der Ausgaben für Wohnen, insbesondere für Wohnungseinrichtung. Mitte der 1960er Jahre waren die durchschnittlichen Wohnungsgrößen der Vorkriegszeit wieder erreicht, dann wurden sie übertroffen. Hatte 1950 gerade einmal ein Fünftel aller Wohnungen ein Bad, galt das 1966 schon für weit mehr als die Hälfte. Statt der in den Jahren des Wiederaufbaus beliebten Bettsofas, die die Doppelnutzung eines Raumes als Wohn- und Schlafzimmer ermöglichten, hielten opulente Couchgarnituren in nordrhein-westfälischen Wohnungen Einzug.

Am stärksten wuchsen die Ausgaben für Unterhaltung, Verkehr und Erholung. Fernsehen etwa wurde in Deutschland zwar bereits seit 1952 ausgestrahlt. Als die ARD in diesem Jahr, als zunächst einziges Programm, mit ihren Sendungen in Schwarz-Weiß begann, gab es in Köln freilich gerade einmal 200 Empfangsgeräte. Den Sieg des deutschen Fußballteams bei der Weltmeisterschaft in der Schweiz 1954 bejubelten fast alle Fans in Nordrhein-Westfalen wie im übrigen Bundesgebiet zuhause am Radio oder dicht an dicht gedrängt in einer der wenigen Kneipen, wo es eines der kostbaren Fernsehgeräte gab. Als die deutschen Kicker zwölf Jahre später wieder in ein WM-Finale vorstießen, fieberten die nordrhein-westfälischen Fans größtenteils im Wohnzimmer am eigenen Fernseher mit.

Auch Automobile, in der unmittelbaren Nachkriegszeit noch elitäre Statussymbole für einige wenige, wurden nun für immer mehr Menschen erschwinglich. 1950 fuhren in Nordrhein-Westfalen erst 134 000 Autos, 1960 schon 1,8 Millionen. 1966 besaß etwa ein Drittel aller Haushalte in Nordrhein-Westfalen einen Wagen. In den meisten anderen gab es zumindest ein Motorrad, und man sparte auf ein Auto. Für die wachsende Zahl motorisierter Fahrzeuge wurden ab 1955 im großen Stil neue Verkehrswege gebaut. Bis dahin hatten sich die Straßenbauämter weitgehend darauf konzentriert, Kriegsschäden zu beheben. Im folgenden Jahrzehnt nahm dann aber die Zahl der Straßenkilometer in Nordrhein-Westfalen um 30 Prozent zu. Die erste dreispurige Teilstrecke einer deutschen Autobahn wurde 1962 auf dem Kölner Ring in Betrieb genommen.

Die wachsende Motorisierung und der Ausbau des Verkehrsnetzes begünstigten die Suburbanisierung. Waren die Menschen während des Wiederaufbaus in die großstädtischen Ballungsräume gezogen, kehrte sich der Trend jetzt um. Die Großstädte verloren Einwohner. Mehr und mehr Nordrhein-Westfalen ließen sich stattdessen im grünen «Speckgürtel» der Ballungsränder nieder und pendelten mit dem Fahrzeug in die Städte zur Arbeit. Die Regierung Meyers förderte diese Entwicklung.

Die zunehmende Mobilität der Menschen veränderte auch die Gestaltung von Freizeit und Urlaub. Spritztouren mit dem fahrbaren Untersatz in weiter entfernte Gebiete lösten die Wanderung in der näheren Umgebung ab. Die Zahl der Übernachtungen in nordrhein-westfälischen Luftkurorten und Heilbädern stieg steil an, und die durchschnittliche Dauer der Aufenthalte dort nahm ebenfalls zu. Immer mehr Bürger zog es freilich noch weiter in die Ferne. Statt ihren Urlaub aus finanziellen Gründen im Schrebergarten oder auf «Balkonien» zu verbringen, fuhren die Nordrhein-Westfalen seit Mitte der 1950er zu Hunderttausenden und bald zu Millionen ins Ausland. Zunächst ging es vorzugsweise mit Auto oder Motorrad meist nach Italien oder Österreich.

Dagegen lockten die guten Verdienstmöglichkeiten im «Wirtschaftswunderland» Migranten aus südeuropäischen Ländern für längere Zeit, und manchmal für immer, nach Nordrhein-Westfalen. Bis 1961 konnte die Nachfrage der boomenden Wirtschaft an Rhein und Ruhr nach Arbeitskräften noch aus dem Inland gedeckt werden. So waren Vertriebene aus den ehemaligen deutschen Ostgebieten, die nach 1945 zunächst in Schleswig-Holstein oder Niedersachsen Aufnahme gefunden hatten, um 1950 nach Nordrhein-Westfalen umgesiedelt worden. Die Rationalisierung der Landwirtschaft setzte während der 1950er Jahre in vielen ländlichen Räumen Arbeitskräfte frei, die ebenfalls ihren Weg an Rhein und Ruhr fanden. Hinzu kam der Strom der Flüchtlinge aus der DDR. Mit dem Bau der Mauer versiegte 1961 aber auch diese Quelle. Auf Drängen von Wirtschaftsverbänden leiteten bilaterale Verträge der Bundesrepublik mit anderen Staaten zwischen 1955 und 1962 die zentral organisierte Anwerbung von ausländischen Arbeitskräften ein.

Weil diese ausländischen Arbeitskräfte vor allem als Hilfsarbeiter im verarbeitenden Gewerbe beschäftigt wurden, von dem es im Vergleich zu anderen Bundesländern in Nordrhein-Westfalen relativ viel gab, waren sie an Rhein und Ruhr überproportional vertreten. Etwa ein Drittel der sogenannten «Gastarbeiter» wurde hier eingesetzt. Lebten Mitte der 1950er Jahre erst 40 000 Ausländer im Land, hatte sich ihre Zahl ein Jahrzehnt später fast verzehnfacht. Besonders stark vertreten waren zunächst Italiener. Als ein Nebeneffekt ihrer Ansiedlung begannen seit den späten 1950er Jahren italienische Eisdielen und Pizzerien das kulinarische Angebot nordrhein-westfälischer Städte zu bereichern. Spanier, Griechen und schließlich auch Türken folgten später und erweiterten die Palette um Gyros und Döner.

In den Fabriken gelang die Integration der neuen Arbeitskollegen meist relativ leicht. Das war schon bei den polnischen Zuwanderern vor 1914 und den Vertriebenen nach 1945 so gewesen. Ähnlich wie bei diesen blieben aber auch die «Gastarbeiter» im Wohnumfeld und privat länger unter sich. Berührungsängste auf beiden Seiten, unter Neuankömmlingen wie unter Eingesessenen, trugen zur Isolation bei. Die Mehrheit der Italiener, Spanier und Griechen suchte anders als bisherige Zuwanderer zudem keine neue Heimat. Nach einigen Jahren kehrten sie vielmehr in ihre Herkunftsländer zurück. Anders war es bei den meisten Türken, die sich schließlich mit ihren Familien auf Dauer in Nordrhein-Westfalen niederließen. Schon der zeitgenössisch gängige Begriff des «Gastarbeiters» signalisiert freilich, dass dies den ursprünglichen Absichten der anwerbenden deutschen Seite zuwiderlief. Die Haltung besonders gegenüber den türkischen Migranten zeigt so, dass in Politik und beträchtlichen Teilen der Gesellschaft Nordrhein-Westfalens wie im übrigen Deutschland die Leitvorstellung eines «ethnisch» und kulturell homogenen Sozialkörpers noch während der 1960er Jahre ausgesprochen stark ausgeprägt blieb.

Die Konstruktion der «Gastarbeiterfrage» ist ein Beispiel für die Kontinuität von Mentalitäten in den 1950er und 1960er Jahren. In mancher Hinsicht gilt das auch für die zeitgenössische Diskussion um die Jugend. Besonders bezeichnend sind die in Presse und Politik laut werdenden Stimmen zu den sogenannten «Halbstarkenkrawallen», die während der zweiten Hälfte der 1950er Jahre ein Zentrum in nordrhein-westfälischen Großstädten hatten. Vielfach lieferten sich dabei Jugendliche aus Arbeiterfamilien nach Kinovorführungen von amerikanischen Musikfilmen Straßenschlachten mit der Polizei. Nicht wenige Kommentatoren sahen in diesen Vorgängen typische Auswüchse einer «Amerikanisierung». Kulturelle und soziale «Verwahrlosung» gingen demnach mit hemmungsloser Konsumorientierung Hand in Hand. Solche Kommentare schlossen nahtlos an Elemente einer schon vor 1945 geübten Kritik an moderner Gesellschaftsentwicklung an.

Bewegte sich die Wahrnehmung vielfach in alten Bahnen, entwickelte sich während der Ära Meyers in anderer Hinsicht dennoch ein tiefer Bruch mit der Vergangenheit. Tatsächlich scheint die Ausbreitung des Wohlstands auch mit einem einschneidenden mentalen Wandel einhergegangen zu sein. Ganz im Stillen verlor etwa der unhinterfragte Respekt vor Autoritäten besonders unter jungen Leuten, aber auch in der gesamten Bevölkerung schleichend an Akzeptanz. Die Bejahung von Individualismus und

Pluralismus nahm dagegen zu. In den späten 1960er Jahren sollte dieser Wandel seinen spektakulärsten Ausdruck in der sogenannten «Studentenrevolte» auch an nordrhein-westfälischen Universitäten finden, die freilich nur die Spitze eines Eisbergs darstellte. Sie zeigte lediglich besonders grell auf, dass Wohlstandserfahrung und eine neuartige, aus postmateriellen Werten gespeiste Konsumkritik durchaus vereinbar waren.

Auf den ersten Blick erscheint es vielleicht als paradox, dass sich mit dem Übergang zur Wohlstandsgesellschaft seit den späten 1950er Jahren auch Anzeichen für einen Bedeutungsgewinn postmaterieller Werte beobachten lassen. Tatsächlich hingen beide Entwicklungen eng miteinander zusammen. Während des Wiederaufbaus der Nachkriegsjahre hatte für die große Mehrheit der Menschen in Nordrhein-Westfalen die Deckung der notwendigsten Grundbedürfnisse Vorrang. Erst als die existenziellen Nöte beseitigt waren, gewannen andere Bedürfnisse an Relevanz. So begann etwa erst jetzt in Justiz, Presse und Denkmalskultur eine intensivere Beschäftigung mit den Verbrechen des Nationalsozialismus. Vor allem zeigt aber das neue Problembewusstsein für Umweltfragen, wie wenig sich Konsumorientierung und Wertewandel ausschlossen.

Bis in die späten 1950er Jahre war Schutz vor Umweltgefahren gerade unter den am meisten davon Betroffenen, den Bewohnern der industriellen Ballungsräume an Rhein und Ruhr, kaum ein Thema. Wenn Nordrhein-Westfalen ab etwa den 1960er Jahren in der Bundesrepublik zum Vorreiter in Umweltfragen werden sollte, war davon im vorhergehenden Jahrzehnt noch nichts zu spüren. Im Gegenteil, erinnerte sich später der Arbeiterschriftsteller Max von der Grün: «Umweltbewusstsein war damals ein absolutes Fremdwort.» Denn in der Zeit des Wiederaufbaus galten rauchende Schornsteine als Garanten dafür, dass es nach den Zerstörungen des Zweiten Weltkriegs wieder aufwärts ging. Jede neu in Betrieb genommene, Rauch, Staub und Abgase ausstoßende Fabrik versprach einen Beitrag dazu, dass nach den Entbehrungen der Kriegs- und «Trümmerjahre» die Wirtschaft wieder zu «brummen» begann. Mit der Zahl rauchender Schlote verband sich die Hoffnung, dass alle wieder ein Dach über dem Kopf und dann auch einen möglichst reich gedeckten Tisch bekamen. Besonders die Bevölkerung der Ballungsgebiete an Rhein und Ruhr, wo die Kriegsschäden und damit auch die existenzielle Not am größten waren, verschwendete deshalb an die ökologischen Folgen des industriellen Wiederaufbaus kaum Gedanken.

Um 1960 begann sich das jedoch spürbar zu ändern. Proteste gegen Umweltbelastungen nahmen stark zu. Das mag teilweise daran gelegen haben, dass mit dem Anstieg der industriellen Produktion während des Wiederaufbaus auch der Ausstoß an Schadstoffen angestiegen war. Die Entwicklung von Luft- und Wasserverschmutzung wurde in Nordrhein-Westfalen allerdings vor den 1960er Jahren nicht systematisch statistisch erfasst. Vereinzelt vorgenommene Messungen ergeben ein sehr differenziertes Bild. Bei einigen Messstationen im Ruhrgebiet stieg die Belastung der Luft während der 1950er Jahre an, bei anderen blieb sie gleich, bei einigen nahm sie auch ab. In Köln und dem rheinischen Braunkohlerevier gingen die gemessenen Werte sogar massiv zurück. An der Ruhr geschah das während der 1960er Jahre ebenfalls. Die Beschwerden aus der Bevölkerung rissen deswegen jedoch keineswegs ab. Stattdessen rollte die Protestwelle jetzt erst richtig an.

Diese Tendenz war vielfach unabhängig von der Entwicklung der tatsächlichen Belastung. Was sich änderte, war vielmehr die Wahrnehmung. Während die Bevölkerung in den Nachkriegsjahren jeden neuen rauchenden Schornstein begeistert begrüßt hatte, wurde der Rauch mit dem Abschluss des Wiederaufbaus in den späten fünfziger Jahren auf einmal als Belästigung empfunden. Das hatte weniger mit der Zunahme der Schornsteine zu tun, sondern vorrangig mit einem Wechsel der Werte. Denn die materielle Notlage der Nachkriegszeit war überwunden. Und damit verschoben sich die Prioritäten.

Bester Seismograph für das Drängen der Bürger, nach dem materiellen Lebensstandard nun auch die ökologische Lebensqualität zu verbessern, war der plötzliche hektische Aktivismus von Politikern aller Parteien. Willy Brandts Forderung nach einem «blauen Himmel über der Ruhr» während des Bundestagswahlkampfs 1961 stellte dabei nur den rhetorisch ausgefeiltesten Vorstoß dar. Weniger auffällig, aber umso wirkungsvoller war die Umweltpolitik der nordrhein-westfälischen Landesregierung unter dem Christdemokraten Franz Meyers.

Beginnend mit dem Immissionsschutzgesetz von 1962, wurde Nordrhein-Westfalen für ein knappes Jahrzehnt zum bundesweiten Vorreiter in Sachen Umweltschutz. Die Belastung der Luft, aber auch des Wassers durch Schadstoffe nahm seitdem in vielen Bereichen ab. Dazu trug die Politik des Landes und der Kommunen ebenso bei wie technische Neuerungen in der Industrie. Zum Teil war der Rückgang mancher Umweltbelastungen aber auch eine Folge des Abbaus industrieller Produktionsstätten.

Denn neben der Wahrnehmung einer Krise der Umwelt verbreitete sich in der Ära Meyers auch zunehmend das Bewusstsein einer krisenhaften Entwicklung in Wirtschaftsbranchen, die für das Land von besonderer Bedeutung waren. So musste die Textilindustrie am Niederrhein und in Ostwestfalen seit den späten 1950er Jahren Arbeitskräfte entlassen, weil sie im globalen Wettbewerb immer weniger konkurrenzfähig war. Auch die Stahlbranche hatte aus ähnlichen Gründen mit periodischen Problemen zu kämpfen. Vor allem aber geriet mitten im «Wirtschaftswunder» dessen einstige «Lokomotive», der nordrhein-westfälische Steinkohlebergbau, seit 1958 in Absatzschwierigkeiten.

Nun rächte sich, dass im Bergbau während des Nationalsozialismus und auch danach auf technische Innovationen zur Erhöhung der Produktivität pro Beschäftigten verzichtet worden war. Unter dem Primat von Rüstungswirtschaft, Weltkrieg, Wiederaufbau und schließlich erneuter Aufrüstung im Zeichen des Ost-West-Konflikts blieb kein Raum für Rationalisierung und Modernisierung. Stattdessen hatten die Zechen aus politischen Gründen möglichst schnell möglichst viel Kohle produzieren sollen. Ein Vierteljahrhundert lang war damit praktisch Raubbau an der Substanz betrieben worden. Ohne die politisch motivierten Eingriffe zwischen 1933 und 1958 hätte sich das anschließende Schrumpfen der Branche wesentlich langsamer vollzogen. Zu einer als «Krise» wahrgenommenen Entwicklung, also einem überstürzten und für die Betroffenen außerordentlich schmerzhaften Wandlungsprozess, wäre es dann wahrscheinlich nicht gekommen. Der Niedergang des nordrheinwestfälischen Steinkohlebergbaus wäre aber wohl ohnehin nur zu verlangsamen, nicht zu verhindern gewesen. Denn er war vor allem eine Folge davon, dass Kohle als Energieträger unter den Bedingungen eines Weltmarkts zunehmend durch das billigere und leichter transportierbare Erdöl ersetzt wurde.

Bis 1966 musste sich deshalb fast die Hälfte der Bergleute an der Ruhr einen neuen Job suchen. Zwar kamen nahezu alle davon in anderen Branchen unter. Dennoch erschien das Schrumpfen des Kohlebergbaus vielfach als krisenhaft. Das galt besonders 1966/67, als eine allgemeine wirtschaftliche Rezession nicht nur den Kohleabsatz dramatisch einbrechen ließ, sondern auch die Probleme in der Textil- und Stahlindustrie besonders grell beleuchtete. Die wirtschaftliche Spitzenstellung, die Nordrhein-Westfalen in der Bundesrepublik gehabt hatte, ging damit zunehmend verloren. Mitte der 1950er Jahre hatte das im Land pro Kopf erwirtschaftete Bruttosozialprodukt noch ein Viertel über dem Bundesdurchschnitt gelegen. Am Ende der 1960er Jahren war dieser Vorsprung vollkommen verschwunden. Auch das Niveau der Löhne war in Nordrhein-Westfalen nun nicht mehr überdurchschnittlich hoch. Vor allem im industriellen Herz des Landes, dem Ruhrgebiet, war das zu spüren – besonders im Bergbau.

Gewerkschaften und Unternehmer der Bergbaubranche zogen meist an einem Strang, um Subventionen und Schutz für die kränkelnde Kohle zu erreichen. Die regierenden Christdemokraten unter Ministerpräsident Meyers leisteten dem angeschlagenen Steinkohlebergbau jedoch höchstens halbherzige Hilfe. In der CDU wurde die Krise an der Ruhr hauptsächlich als eine Chance betrachtet, der gesellschaftspolitisch für schädlich gehaltenen Zusammenballung von Menschen in großen Industriezentren entgegenzuwirken. Die Ballungsräume galten den Unionspolitikern als Brutstätten von «Vermassung» und politischem Radikalismus. Vor allem das Ruhrgebiet schien der Verwirklichung ihres Ideals einer geordneten bürgerlichen Gesellschaft in überschaubaren Gemeinwesen entgegenzustehen. Die Landesregierung konzentrierte unter Franz Meyers ihre Strukturhilfen deshalb vor allem auf die ländlichen Randgebiete Nordrhein-Westfalens. Die ebenfalls von der CDU dominierte Bundesregierung unterstützte diese Politik zusätzlich, indem sie seit Anfang der 1960er Jahre schrittweise die Mietpreise freigab. Das machte sich vor allem in den Ballungszentren bemerkbar und sollte die Attraktivität des Wohnens dort senken.

In den Großstädten an Rhein und Ruhr verlor die CDU dadurch zunehmend die große Popularität, die sie unter den Wählern während der «Wirtschaftswunderjahre» gewonnen hatte. Bei den Landtagswahlen von 1966 musste sie, auch unter dem Eindruck der Rezession, starke Stimmenverluste hinnehmen. Erstmals in der Geschichte Nordrhein-Westfalens wurde die SPD stärkste Partei. Nur knapp verfehlten die Sozialdemokraten eine absolute Mehrheit im Landtag. Ende des Jahres brachen schließlich sowohl im Land wie im Bund die CDU/FDP-Regierungen auseinander. In Düsseldorf bildete sich stattdessen eine sozialliberale Koalition.

4. Aufbruchstimmung: Die Ära Kühn (1966–1978)

1966 begann eine Ära sozialdemokratischer Dominanz in der Landespolitik, die fast vier Jahrzehnte dauern sollte. Den Machtwechsel hatten die Sozialdemokraten hauptsächlich der Unpopularität der CDU zu verdanken. Hinzu kam, dass die FDP das sinkende Schiff der Koalition mit den Christdemokraten verließ. Doch ganz ohne eigenes Zutun fiel der SPD die Regierungsgewalt auch nicht in den Schoß. Seit den 1950er Jahren hatte die Partei im Land an Kontur gewonnen. Das war zwar nicht nur, aber auch das Verdienst ihres Spitzenkandidaten seit 1962, des neuen Ministerpräsidenten Heinz Kühn.

Kühn, der die Zeit des Nationalsozialismus im belgischen Exil verbracht und sich während des Zweiten Weltkriegs einen Namen als Widerstandskämpfer gemacht hatte, saß mit Unterbrechungen schon seit 1948 für die SPD im Düsseldorfer Landesparlament. Nach mehreren Jahren in der Bonner Bundespolitik kehrte er 1962 als Kompromisskandidat der zerstrittenen Partei in die Landespolitik zurück. Er modernisierte und reorganisierte die nordrhein-westfälische Sozialdemokratie nach Kräften. Unter seiner Führung wurde erstmals ein zentraler Landesvorstand gebildet und die Öffentlichkeitsarbeit der Partei professionalisiert. Obwohl Kühn selbst als Sohn eines Kölner Tischlers aus dem klassischen Arbeitermilieu stammte, förderte er den Generationswechsel in der SPD und protegierte junge Akademiker. Persönlich kühl, ja bisweilen unterkühlt wirkend, verkörperte er einen neuen Politikstil, der den Kult des rational kalkulierenden Experten als Problemlöser mit dem Image jugendlicher Dynamik verband. Heinz Kühn, behaupteten jedenfalls sozialdemokratische Wahlplakate, garantiere eine Politik des «Non-stop für die Reformen».

Auf der Agenda der Regierung Kühn stand an erster Stelle zunächst die Entschärfung der wirtschaftlich und politisch als äußerst gefährlich angesehenen Lage im Bergbau. Anders als die CDU verfolgten die Sozialdemokraten nicht das gesellschaftspolitische Ziel einer «Entballung» des Ruhrgebiets. Von ihrem gesellschaftlichen Leitbild her standen sie den Lebensbedingungen in den Großstädten deutlich näher. Ihr Rezept für die Probleme der Ballungsräume war Stadtsanierung und Stadterneuerung. Sie erhöhten die Landesmittel für Strukturhilfen daher beträchtlich und konzentrierten sie auf das Steinkohlerevier. Als sich daraufhin Protest aus anderen Landesteilen erhob, wurden die Hilfen nach dem Gießkannenprinzip auch auf diese ausgeweitet. Da die Rezession der Jahre 1966/67 bald wieder einer Hochkonjunkturphase Platz machte, konnte die Politik aus dem Vollen schöpfen. Freilich wurden damit auch die öffentlichen Ausgaben rapide aufgebläht. Auf lange Sicht führte dieser Weg in eine stetig anwachsende Verschuldung des Landes, die in späteren Jahrzehnten politische Handlungsspielräume empfindlich einengen sollte.

Parallel zur Ausweitung der Strukturhilfen wurde ein Zusammenschluss aller Ruhrzechen in einer Einheitsgesellschaft betrieben. 1969 kam es zu dieser Fusion unter dem Dach der Ruhrkohle AG. Oberflächlich gesehen schien damit die Bergbaukrise beendet. Im Rahmen der Ruhrkohle AG lief die Entwicklung in der Folgezeit weniger dramatisch und kontrollierter ab. Auch der Absatz an Steinkohle stabilisierte sich Ende der 1960er Jahre wieder. Tatsächlich war das jedoch nur die Folge der vorübergehenden Erholung der Konjunktur. Auch in den folgenden Jahrzehnten ging das Schrumpfen der Branche weiter.

Das scheinbar erfolgreiche «Krisenmanagement» im Bergbau bestärkte die Regierung Kühn im Glauben an die Möglichkeit, wirtschaftliche und gesellschaftliche Entwicklungen weitgehend durch die Politik steuern und planen zu können. Dieser Machbarkeitsglaube war typisch für die Jahre um 1970. Er verband sich mit einer geradezu euphorischen Aufbruchstimmung: Durch grundlegende Reformen sollte Nordrhein-Westfalen modernisiert werden. Die dank der Hochkonjunktur in den späten 1960er und frühen 1970er Jahren sprudelnden Steuereinnahmen boten die finanzielle Basis dafür.

Das vielleicht folgenreichste dieser Reformvorhaben war die Gebietsreform. Die politischen und Verwaltungseliten, die diese anstießen, sahen in ihr ganz unbescheiden sogar eine «Jahrhundertreform». Den Startschuss gab schon Mitte der 1960er Jahre das Bundesgesetz zur Raumordnung. Die eigentlichen Motoren der Neugliederung wurden jedoch die Länder. Nordrhein-Westfalen ging mit Hessen und dem Saarland am weitesten. Nordrhein-westfälischer Landtag und Landesregierung orientierten sich unter der Ministerpräsidentschaft von Heinz Kühn dabei weitgehend an den Entwürfen von akademischen Spezialisten. Nicht zuletzt trieben besonders die Landesplaner die Gebietsreform voran. Kein anderes Reformvorhaben wurde so sehr als das Werk von vermeintlich unparteiischen, über den Partikularinteressen stehenden Experten wahrgenommen.

Zwei Aspekte der Gebietsreform müssen unterschieden werden: die kommunale Neugliederung und die Neugliederung der staatlichen Mittelinstanzen. Letztere bedeutete in Nordrhein-Westfalen den Versuch, die Regierungsbezirke neu zuzuschneiden. 1968 legte eine von der Landesregierung eingesetzte Sachverständigen-Kommission einen Plan dafür vor. Die Zahl der Regierungsbezirke sollte von bisher sechs auf drei reduziert werden: Rheinland, Westfalen und Rhein-Ruhr. Da für den Bezirk Rhein-Ruhr die Bildung einer neuen Regierung in Essen vorgesehen war, hätte die Umsetzung des Plans die Schließung von vier Bezirksregierungen bedeutet. Dafür konnten die Verwaltungseliten des Landes sich verständlicherweise nicht sonderlich erwärmen. Besonders in Westfalen und Lippe, wo die Hälfte der nordrhein-westfälischen Bezirksregierungen ihren Sitz hatte, bildete sich gegen den Vorschlag der Sachverständigen eine parteiübergreifende Ablehnungsfront. Nur die Regierungsbezirke Aachen und Köln wurden schließlich zusammengelegt; der Rest des Plans verschwand in der Schublade. Gegen den Widerstand der Verwaltung waren selbst in der Aufbruchstimmung der Ära Kühn keine einschneidenden Veränderungen durchzusetzen.

Mehr Erfolg als dem Projekt einer Reform der staatlichen Mittelinstanzen war dem der kommunalen Neugliederung beschieden. Die kommunale Gebietsreform wurde vor allem von Innenminister Willi Weyer (FDP) vorangetrieben. Im Landtag trugen sozialliberale Regierungskoalition und christdemokratische Opposition sie jedoch gemeinsam. So wurden im ganzen Land zwischen 1968 und 1976 die Grenzen der meisten Städte, Landgemeinden und Kreise neu gezogen. Fast ausnahmslos schuf der Gesetzgeber größere Verwaltungseinheiten: «Big is beautiful» lautete die Devise. Zum Stichtag 1. Januar 1975 blieben von 2292 kreisangehörigen Gemeinden nur noch 369 übrig, die Zahl der Landkreise sank von 57 auf 31; die der kreisfreien Städte von 37 auf 23.

Politiker aller Parteien versprachen sich davon mehr Effizienz und Sparsamkeit der öffentlichen Verwaltungen. Eine vergleichbare Rationalisierung in den historisch gewachsenen Kommunalgrenzen durchzuführen, schien nicht möglich. Diese stammten, so die Ansicht der großen Mehrheit im Landtag, aus der Zeit der Postkutsche und seien deshalb für eine moderne Industriegesellschaft nicht mehr zeitgemäß. Die Reform werde engstirniges Kirchturmsdenken überwinden und stattdessen vorausschauende Politik und Planung von höherer Warte im allgemeinen Interesse ermöglichen. Zudem sollte sie dazu dienen, einheitliche Lebensverhältnisse in Stadt und Land zu schaffen.

Die Resultate der kommunalen Gebietsreform waren freilich zwiespältig. Nicht immer wurden die hohen Erwartungen ihrer Initiatoren erfüllt. Die Konzentration der öffentlichen Verwaltungen an weniger Orten verkürzte zwar deren interne Wege. Dafür hatten die Bürger es nun allerdings zu Finanz-, Kataster- und Gesundheitsämtern vielfach weiter als vorher. Kirchturmspolitik und Klüngelei wurden insgesamt schwieriger, Verwaltungstätigkeit durchaus rationaler und unparteiischer, aber auch anonymer und undurchschaubarer. Zudem traten die erwarteten Einsparungseffekte kaum ein. Das in den Lokalverwaltungen beschäftigte Personal nahm nicht ab, sondern auf Dauer eher noch zu. Jedenfalls entstand durch die Konzentration auf weniger, größere Standorte mit mehr Beschäftigten oft der Eindruck eines wuchernden, bürgerfernen Beamtenapparats.

Die Gebietsreform provozierte deshalb umso mehr Protest, je länger sie andauerte. In Kommunen, die von Eingemeindung oder Auflösung bedroht waren, kam es zur Gründung von Bürgerinitiativen gegen die Neugliederung. Oft wurden diese Initiativen mehr oder weniger verdeckt von Wirtschaftsunternehmen und Stadtverwaltungen unterstützt, die ihre eigenen Gründe dafür hatten. Der Aufruf zur Opposition gegen die Gebietsreform mobilisierte jedoch in den betroffenen Gemeinden beträchtliche Teile der Bevölkerung, die keine materiellen Interessen mit ihrem Protest verbanden.

Ausgehend von Wattenscheid, wo fast alle Einwohner gegen die vorgesehene Angliederung an Bochum waren, schlossen einige dieser lokalen Protestbewegungen sich in einer «Aktion Bürgerwille» zusammen. Die «Aktion» initiierte 1974 ein Volksbegehren. Es war das erste Mal, dass dieses ein Vierteljahrhundert zuvor in der Landesverfassung verankerte Instrument plebiszitärer Demokratie in Nordrhein-Westfalen zum Einsatz kam. Das Volksbegehren verband die Forderung nach einer stärkeren Bürgerbeteiligung bei der Neuordnung der Gemeinden mit der nach Gründung eines Kommunalverbands Ruhrgebiet.

Sein Erfolg war sehr gemischt. In den Großstädten, deren Unabhängigkeit die kommunale Neuordnung nicht gefährdete, und in den bereits neu gegliederten Gebieten trugen sich nur sehr wenige in die Listen ein. Wo dagegen die Eingemeindung in kleinen und mittleren Städten drohte, unterstützten bis zu vier Fünftel der Bürger das Volksbegehren, insbesondere im Ruhrgebiet.

Auf ganz Nordrhein-Westfalen bezogen gewann die «Aktion Bürgerwille» freilich nur sechs Prozent der Wahlberechtigten für ihr Anliegen. 20 Prozent hätten es sein müssen, um einen Volksentscheid zu erzwingen. Zum einen lag das daran, dass die «Aktion» durch die Verknüpfung der Forderungen nach mehr Bürgerbeteiligung bei der Gebietsreform und einem Kommunalverband Ruhrgebiet sich selbst ein Bein gestellt hatte. Außerhalb des «Reviers» konnte ihr Anliegen so kein großes Echo erzielen. Zum anderen waren die Initiatoren der kommunalen Neugliederung, allen voran Innenminister Weyer, vergleichsweise wesentlich geschickter vorgegangen, indem sie die Reform in mehreren Etappen schrittweise umsetzten. Angesichts dieser «Salamitaktik» erwies sich der Umstand, dass die Opposition gegen die Gebietsreform vor allem lokal ausgerichtet war, als zusätzliches Handicap.

Dennoch war, trotz seines Scheiterns, das erste Volksbegehren in der Geschichte Nordrhein-Westfalens ein Zeichen dafür, dass die Aufbruchstimmung der 1970er Jahre im Land nicht allein «von oben», also von Regierung, Landtag und Verwaltung ausging, sondern auch «von unten», von der Basis der Gesellschaft. Hier wurde eine Ausweitung von Möglichkeiten demokratischer Mitbestimmung eingefordert – ein Ziel, dem die kommunale Neuordnung ganz und gar nicht zu entsprechen schien. Aus der Sicht ihrer Kritiker handelte es sich vielmehr um eine technokratische Reform, die über die Köpfe der Betroffenen hinweg durchgesetzt werde. Nicht nur würden ohne Not traditionelle Strukturen zugunsten «seelenloser», überdimensionierter Verwaltungsmaschinen zerstört. Die kommunale Neugliederung erschien vielen auch als Ausfluss eines letztlich autoritären Verständnisses von Politik, die für die Bürger statt mit ihnen entscheide.

Tatsächlich reduzierte die Gebietsreform zumindest die Zahl der Mandatsträger in kommunalen Gremien um fast die Hälfte. Außerdem hatte der Landtag im Vorfeld der Reform die Möglichkeiten der Bürgerbeteiligung durch eine Änderung der Kommunalverfassung eingeschränkt. Während bisher Neugliederungsmaßnahmen nur schwer gegen den Willen der betroffenen Bevölkerung erfolgen konnten, galt das seit 1967 nicht mehr.

Erst der unerwartete Bürgerprotest gegen die Gebietsreform führte dann dazu, dass Regierung und Landtag ab Mitte der 1970er Jahre deren Demokratiedefizite nachträglich zu kompensieren versuchten – etwa durch die Einführung von Bürgerversammlungen, Beschwerdeausschüssen und Bezirksvertretungen in kreisangehörigen Kommunen. Erst mit gehöriger Verspätung trugen sie damit der wachsenden Politisierung in der Gesellschaft Rechnung. Denn das Interesse der Bürger an politischen Themen in den Medien und bei Diskussionen, die Wahlbeteiligung, aber auch das Engagement bei politischen Versammlungen, Demonstrationen und Bürgerinitiativen nahmen in Nordrhein-Westfalen wie im übrigen Deutschland bereits ab etwa 1970 zu. Im Lauf des folgenden Jahrzehnts sollte sich das auch in der Bildungspolitik auf spektakuläre Weise zeigen.

Parallel zur kommunalen Neugliederung wurden in Nordrhein-Westfalen während der späten 1960er und 1970er Jahre eine ganze Reihe von Reformvorhaben im Bildungswesen betrieben. Auch dahinter stand der Glaube an die Machbarkeit von Fortschritt und die Notwendigkeit von Modernisierung. Ein quantitativer und qualitativer Ausbau von Bildungs- und Forschungseinrichtungen erschien vielfach als unumgänglich, wenn der Anschluss an die Entwicklung der modernen Industriegesellschaften nicht verloren gehen sollte. Seit dem «Sputnikschock», den der erste künstliche Erdsatellit der Sowjetunion Ende der 1950er Jahre in der westlichen Welt ausgelöst hatte, galt Wissen als wichtigste Waffe im globalen Ost-West-Konflikt. In Deutschland sah man sich zusätzlich im Wettbewerb mit den westlichen Nachbarländern. Und für Nordrhein-Westfalen spielte außerdem noch das Bemühen eine Rolle, die bisherige wirtschaftliche Spitzenposition gegenüber den anderen Bundesländern durch Investitionen in Bildung und Forschung zu halten.

Hinzu kam das Ziel, eine Angleichung von Lebenslagen und Chancen herzustellen. Im vielzitierten Klischee des «katholischen Arbeitermädchens vom Land» waren alle Faktoren von Unterprivilegierung versammelt, zu deren Beseitigung Bildung das Allheilmittel schien. Die Herstellung von Chancengleichheit und einheitlichen Lebenslagen hatte schon als Motiv der kommunalen Neugliederung eine Rolle gespielt. Anders als dort war die Landesregierung bei der Bildungsreform jedoch auch um eine gesellschaftliche Demokratisierung bemüht. In Schulen und Universitäten wurden dazu neue Organe geschaffen, die eine Mitbestimmung von Beschäftigten, Studenten und Schülern gewährleisten sollten.

So machte zum Beispiel an den Hochschulen die alte Tradition der an feudale Verhältnisse erinnernden Ordinarienherrschaft zumindest teilweise der Gruppenuniversität Platz. Der Schwerpunkt der Reformen lag bei den Universitäten jedoch zunächst im quantitativen Ausbau. Dieser war bereits unter Ministerpräsident Meyers geplant und eingeleitet worden. Zu Beginn der 1960er Jahre hatte es in Nordrhein-Westfalen nur drei Volluniversitäten gegeben, nämlich in Köln, Bonn und Münster. Daneben gab es noch die Rheinisch-Westfälische Technische Hochschule in Aachen, einige auf einzelne Fächer – Sport, Musik, Kunst, Medizin – spezialisierte Einrichtungen und Akademien der Lehrerbildung. Angesichts der steil ansteigenden Studentenzahlen waren diese zunehmend überlastet, was sich am deutlichsten in der immer längeren Studiendauer zeigte. Schon in den frühen 1960er Jahren beschlossen Landtag und Landesregierung deshalb die Gründung einer Hochschule im Ruhrgebiet, einer weiteren in Ostwestfalen und den Ausbau der Medizinischen Akademie in Düsseldorf zu einer Volluniversität. Abgesehen von der 1965 erfolgten Eröffnung der Ruhr-Universität Bochum gedieh die Verwirklichung dieser Pläne aber kaum über das Stadium der Vorbereitung hinaus, bis es 1966 zum Regierungswechsel kam.

Ihre Ausführung fand daher größtenteils erst während der Regierungszeit von Heinz Kühn statt. 1968/69 eröffneten zwei neue Hochschulen in Bielefeld und Dortmund den Studienbetrieb. Zur gleichen Zeit wurde der Grundstein für den Campus der Düsseldorfer Volluniversität gelegt. Schon die erste Regierung Kühn unterstrich die besondere Bedeutung, die sie dem Hochschulwesen zumaß, indem sie die Zuständigkeit dafür aus dem Kultusministerium herauslöste und als «Chefsache» in der Staatskanzlei ansiedelte. 1970 wurde dann ein eigenes Ministerium für Wissenschaft und Forschung gebildet, dessen Leitung Johannes Rau übernahm.

Als Wissenschaftsminister setzte Rau über den quantitativen Ausbau hinaus auch neue inhaltliche Akzente. Die bestehenden Ingenieur- und höheren Fachschulen wertete er zu Fachhochschulen auf. 1972 wurden dann mit einem Schlag Fachhochschulen und Pädagogische Akademien an fünf Standorten – Essen, Duisburg, Wuppertal, Paderborn und Siegen – zu Gesamthochschulen vereinigt. 1975 kam noch die Fernhochschule in Hagen dazu. Mit der Gründung der Fach- und Gesamthochschulen verfolgte die Landesregierung nicht mehr nur das Ziel, die alten Hochschulen zu entlasten und die Studienzeiten zu senken. Vor allem sollte auch die Praxisorientierung universitärer Bildung verstärkt werden. Durch die Möglichkeit zur Aufnahme von Absolventen der Fachoberschulen wollten die Regierung Kühn und ihr Minister Rau zudem für «soziale Durchlässigkeit» sorgen. Der Aufbau von Universitäten abseits der traditionellen Standorte zielte nicht zuletzt ebenso darauf ab, in bisher «bildungsfernen» Regionen und Schichten zur Aufnahme eines Studiums zu motivieren.

Wie der Ausbau der Universitäten wurden auch grundlegende Reformen im Schulwesen während der Ära Kühn anfänglich von einem breiten Konsens unter Parteien und gesellschaftlichen Gruppen getragen. Erster Stein des Anstoßes war die Konfessionsschule. 1950 in der Landesverfassung festgeschrieben und durch das Schulgesetz von 1952 bestätigt, hatte die Trennung der Volksschulen nach Konfessionen besonders in ländlichen Gebieten teilweise zu Zwergschulen geführt, in denen bis zu acht Klassenstufen in einem einzigen Raum unterrichtet wurden. Die SPD hielt diese Regelung von jeher für unsinnig, und unter dem Eindruck eines Sinneswandels in der katholischen Bevölkerungsmehrheit näherten sich in den späten 1960er Jahren auch große Teile der CDU derselben Auffassung an. Das machte den Weg frei für eine Verfassungsreform: Die Volksschule wurde in Grund- und Hauptschule getrennt, und die Grundschulen wurden prinzipiell zu Gemeinschaftsschulen. Hauptschulen konnten unter bestimmten Bedingungen weiter nach Konfessionen getrennt betrieben werden, was aber in der Praxis immer seltener vorkam.

Die Verlängerung der Pflichtschulzeit von acht auf neun und schließlich zehn Jahre beschlossen SPD, FDP und CDU ebenfalls gemeinsam. Sogar über die Reformbedürftigkeit des traditionellen dreigliedrigen Schulsystems herrschte noch in den frühen 1970er Jahren weitgehende Übereinstimmung. Die Aufteilung der Schüler nach Klasse 4 auf Gymnasium, Realschule oder Hauptschule schien in der allgemeinen pädagogischem Aufbruchstimmung der Zeit keiner politischen Kraft mehr zeitgemäß. Die 1969 begonnenen Gesamtschulversuche trug die CDU anfangs mit.

Es war die sozialdemokratische Linke, die diesen Konsens zuerst in Frage stellte. Ihr war das Tempo der Schulreform, das Christdemokraten, Liberale und auch Ministerpräsident Kühn gehen wollten, zu langsam. Weil sich für eine schnellere Gangart lange keine Mehrheit finden ließ, verlegten sich ihre Befürworter vorübergehend auf das Projekt einer Verbesserung der Weiterbildung. Das daraus entstehende Gesetz zur Reform der Volkshochschulen, das der Landtag 1974 beschloss, wurde von den Christdemokraten wegen der Kosten abgelehnt. Der bildungspolitische Konsens begann zu bröckeln.

Vollends brach er auseinander, als die in der sozialdemokratischen Landtagsfraktion mächtiger gewordene Linke die Einführung des gemeinsamen Unterrichts für alle Kinder bis zur sechsten Klasse forcierte. Die CDU hatte ein solches Konzept in der ersten Hälfte der 1970er Jahre selbst befürwortet. Als die SPD-geführte Landesregierung die Idee in Form einer «Kooperativen Schule» aber 1978 in Gesetzesform goss, ließen zum einen die Sozialdemokraten durchblicken, dass damit die Gesamtschule als Regelschule durch die Hintertür etabliert werden sollte. Zum anderen mobilisierten Elternverbände und die Berufsorganisation der Gymnasiallehrer, der Philologenverband, eine gewaltige Protestwelle gegen den Gesetzentwurf. Die CDU unterstützte daraufhin nun den Widerstand gegen die «Koop-Schule». Es kam zum zweiten Volksbegehren in der Geschichte des Landes. Diesmal waren die Initiatoren wesentlich erfolgreicher als im Fall der «Aktion Bürgerwille» zur Gebietsreform. Über dreieinhalb Millionen Wähler, 30 Prozent der Wahlberechtigten, trugen sich in die Listen ein. Weil die sozialliberale Koalition nach diesem Erfolg des Volksbegehrens nicht mehr damit rechnete, einen Volksentscheid gewinnen zu können, zog sie den Gesetzentwurf über die «Kooperative Schule» zurück. Stattdessen etablierte sie nun die Gesamtschule als alternative Regelschule neben und nicht, wie eigentlich beabsichtigt, anstelle des traditionellen dreigliedrigen Schulsystems.

Der Reformeifer der Regierung Kühn hatte damit seinen größten Dämpfer erlitten. Der Versuch einer Steuerung der gesellschaftlichen Entwicklung hatte bei Gebietsreform und schließlich Schulreform starke Gegenbewegungen aus der Gesellschaft selbst provoziert. Paradoxerweise trafen besonders die Bildungsreformen, die einschließlich des Gesamtschulkonzepts von den Sozialdemokraten als Beitrag zu einer Demokratisierung Nordrhein-Westfalens verstanden wurden, auf den stärksten Widerstand in der Bevölkerung des Landes. Aber auch sonst bescherte die Reformpolitik der stärksten Regierungspartei SPD kein positives Echo. Nach dem triumphalen Erdrutschsieg bei den Landtagswahlen 1966 mussten die Sozialdemokraten 1970 und 1975 kontinuierlich Verluste hinnehmen, während die CDU wieder an ihr vorbeizog und damit wie schon vor 1966 erneut in der Wählergunst vorn lag.

Umso schwerer wog, dass gerade in dem Bereich, in dem das Land die größten Kompetenzen besaß, der Bildungspolitik, sich zwischen sozialliberaler Regierung und christdemokratischer Opposition ein tiefer Graben auftat. Außerdem brach mit dem

Ende des Wirtschaftsbooms ab der Ölkrise 1973/74 zunehmend die materielle Grundlage einer aus dem Vollen schöpfenden Reformpolitik weg. Die ursprüngliche Aufbruchstimmung wich zunehmend der Resignation. Angesichts des zermürbenden Streits, der in der SPD vor diesem Hintergrund immer heftiger um den weiteren Kurs in Bildungs- und Wirtschaftspolitik entbrannte, trat Heinz Kühn 1978 schließlich als Ministerpräsident zurück.

5. «Tief im Westen ist es besser, als man glaubt»: Die Ära Rau (1978–1998)

Kühns Nachfolger wurde der langjährige Wissenschaftsminister Johannes Rau. In seiner Amtszeit verschlechterte sich die wirtschaftliche Lage Nordrhein-Westfalens weiter. Seit den späten 1970er Jahren litt neben dem Steinkohlebergbau auch die Stahlbranche unter dauerhaften Absatzschwierigkeiten. 1974 hatte die Produktion der Stahlhütten, die vor allem im Ruhrgebiet konzentriert waren, noch einmal einen absoluten Höhepunkt erreicht. Seitdem zeigte der Trend steil nach unten, wobei allerdings kurze Erholungsphasen bis Ende der 1980er Jahre die Hoffnung nährten, es handle sich nur um konjunkturelle Probleme. Tatsächlich befand die Branche sich aber in einer Strukturkrise. Die Ersetzung von Stahl durch andere Materialien und verbesserte Fertigungsverfahren reduzierten den Bedarf weltweit. Zudem traten immer mehr Länder, die früher Stahl importiert hatten, nun selbst als Produzenten auf den Weltmarkt.

Innerhalb von zwei Jahrzehnten ging so die Zahl der Jobs in den nordrhein-westfälischen Stahlhütten um zwei Drittel zurück. Da mit jeder in der eisenschaffenden Industrie wegfallenden Stelle in Zulieferbetrieben und weiterverarbeitenden Industrien noch einmal fast zwei Arbeitsplätze verloren gingen, waren die sozialen Folgen enorm. Besonders in zahlreichen Ruhrgebietsstädten, wo ein Großteil der Wirtschaft auf die Stahlverarbeitung ausgerichtet war, machte sich Verzweiflung breit. Als 1987 das Krupp-Stahlwerk in Duisburg-Rheinhausen geschlossen werden sollte, besetzten dessen Arbeiter für einen

Tag alle Duisburger Rheinbrücken. In anderen Teilen des Ruhrgebiets blockierten Stahlwerker Autobahnen und Bundesstraßen. Am fortgesetzten langsamen Sterben der Branche konnten aber auch diese Aktionen nichts ändern.

In der Stahlbranche wiederholte sich damit weitgehend, was zwanzig Jahre zuvor im Steinkohlebergbau begonnen hatte. Auch dort ging die Krise weiter. Den Zechen gelang es zwar seit 1958, die Produktivität ihrer Beschäftigten zu verdreifachen. Selbst dadurch wurde deutsche Steinkohle auf dem Weltmarkt aber nicht konkurrenzfähig, und die Rationalisierung führte zu massivem Abbau von Arbeitsplätzen. Die Ölkrisen von 1973/74 und 1979 weckten die Hoffnung, dass der Kohle als einziger heimischer fossiler Energiequelle zumindest auf dem Binnenmarkt der bestehende Absatz gesichert werden könne. Angesichts der Europäisierung der Energiepolitik erfüllte sich diese Erwartung jedoch nicht. Nordseeöl und Erdgas aus Russland verdrängten die Ruhrkohle auch hier zunehmend.

Andere Branchen vermochten die Lücke, die durch den Verfall der klassischen Montanindustrien entstand, nicht zu füllen. Große Hoffnungen waren zeitweilig neben dem Maschinenbau vor allem auf die chemische Industrie gesetzt worden. Schon Ende der 1960er Jahre erwirtschaftete sie von allen Wirtschaftszweigen in Nordrhein-Westfalen den größten Umsatz. Und diese Spitzenposition hatte die Chemiebranche im Land dreißig Jahre später noch weiter ausgebaut. Von den zehn deutschen Unternehmen mit den meisten Beschäftigten im Bereich Forschung und Entwicklung war in den 1980er Jahren der Chemiekonzern Bayer der einzige, der seinen Firmensitz in Nordrhein-Westfalen hatte. Der Chemie schien die Zukunft zu gehören. Doch auch ihre Entwicklung verlor in den 1990er Jahren an Dynamik. Bayer verlagerte große Teile seiner Produktion aus Leverkusen und Wuppertal ins Ausland. Der einzige Wirtschaftsbereich, in dem Nordrhein-Westfalen während der Ära Rau Großbetriebe zur Ansiedlung im Land verlocken konnte, war die Medienbranche.

In gewisser Weise lag der Kern des Problems gerade darin, dass die nordrhein-westfälische Wirtschaft stark großbetrieblich organisiert war. Während des extensiven Wachstums der

1950er und 1960er Jahre hatte das viele Vorteile mit sich gebracht. Mit dem Übergang zum intensiven Wirtschaftswachstum, das viel stärker von Forschung und beständigen Innovationen abhängt, erwies sich das Überwiegen von Großbetrieben im Land aber als Problem. Klein- und Mittelbetriebe konnten sich auf die neuen Anforderungen wesentlich flexibler einstellen und waren erfolgreicher. Von ihnen gab es aber in Nordrhein-Westfalen deutlich weniger als in Süddeutschland. Und ihre Erfolge erregten weniger Aufsehen als die Schwierigkeiten der Großbetriebe oder die zum Teil spektakulären Aktionen von deren Belegschaften, wie etwa im Fall der Stahlwerker aus Duisburg-Rheinhausen.

Allein während des Jahrzehnts zwischen 1975 und 1985 gingen so in Nordrhein-Westfalen eine halbe Million Arbeitsplätze im Gewerbe verloren. In den süddeutschen Ländern registrierte man derweil keinerlei Arbeitsplatzverluste. Im bundesweiten Vergleich war die Arbeitslosigkeit in Nordrhein-Westfalen bis zu den 1970er Jahren unterdurchschnittlich gewesen. Nun lag sie über dem Durchschnitt. 1985 war die nordrhein-westfälische Arbeitslosenquote doppelt so hoch wie die Baden-Württembergs. Auch das in Nordrhein-Westfalen pro Einwohner erwirtschaftete Bruttoinlandsprodukt sank im Vergleich zu dem der meisten anderen Bundesländer ab. Nur für Hamburg und Berlin sah die Entwicklungsbilanz zwischen 1970 und 1990 noch schlechter aus.

Die Wiedervereinigung relativierte diese schlechte Position zwar. In den neuen Bundesländern im Osten Deutschlands war die Arbeitslosigkeit während der 1990er Jahre noch höher, das Bruttoinlandsprodukt pro Einwohner noch geringer als in Nordrhein-Westfalen. Dafür konnte man an Rhein und Ruhr seit der Wiedervereinigung aber auch kaum noch mit Bundeshilfen rechnen. Denn zum einen sank durch die Wiedervereinigung das politische Gewicht des Landes im Bundesrat. Zum anderen fraß der riesige Bedarf der neuen Länder an Unterstützung aus dem Bundeshaushalt den Spielraum für Hilfen an die alten fast völlig auf. Obwohl im Grunde selbst hilfebedürftig, musste Nordrhein-Westfalen nun den «Aufbau Ost» mitfinanzieren.

Besonders große Teile des Ruhrgebiets verloren fast jeden Anschluss an die wirtschaftliche Entwicklung. Zwischenzeitig erreichte die Arbeitslosenquote im «Revier» Werte von über 15 Prozent. Der ehemaligen industriellen Herzkammer des Landes drohte, so ein seit den 1980er Jahren immer öfter bemühtes Bild, der «Infarkt». Aber auch andere Regionen Nordrhein-Westfalens, allen voran die Rheinschiene zwischen Bonn und Düsseldorf, entwickelten sich nicht mehr im selben Tempo wie die süddeutschen Länder. Auf diese ging nun die Funktion einer «Lokomotive» des Wirtschaftswachstums in der Bundesrepublik über.

Die Regierung Rau konzentrierte sich, wie schon die von Kühn, auf Hilfen für das Ruhrgebiet. Unter Vorsitz des Ministerpräsidenten fand 1979 eine große Ruhrkonferenz statt. Daran nahmen Gewerkschafter und Unternehmer, Kommunalpolitiker, Vertreter von Landes- und Bundesregierung, Abgeordnete aller im Landtag vertretenen Parteien und Repräsentanten der Kirchen teil. Das war typisch für den Regierungsstil von Rau, der stets allen Beteiligten zumindest das Gefühl zu geben versuchte, ernst genommen und an der Entscheidungsfindung beteiligt zu werden. Die Ruhrkonferenz gab den Startschuss für eine ganze Reihe von Programmen, die die Region beim Strukturwandel unterstützen sollten.

Zunächst standen dabei, wie schon in der Ära Kühn, mehr oder weniger direkte Finanzspritzen für das «Revier» und seine kränkelnden Montanindustrien im Mittelpunkt. Mit einem «Aktionsprogramm Ruhr» beschloss die Landesregierung 1979 hauptsächlich Investitionen in die Infrastruktur des Ruhrgebiets. Gemeinsam mit dem Bund stellte das Land 1981 Fördermittel für die Stahlindustrie bereit. Ein Jahr davor war es bereits zur Unterzeichnung eines Vertrags gekommen, der dem Bergbau fünfzehn Jahre lang einen garantierten Mindestabsatz durch Kohleverstromung sicherte. Die für diesen «Jahrhundertvertrag» nötigen Milliardensubventionen durch Land und Bund stießen aber außerhalb Nordrhein-Westfalens auf immer stärkere Kritik, zumal die Subventionen seit den 1980er Jahren höher waren als der Wert der durch sie umgesetzten Kohle. Als die

Bundesregierung nach dem Auslaufen des «Jahrhundertvertrags» deshalb einen Abbau der Produktionskapazitäten und Arbeitsplätze im Bergbau forcierte, bildeten 220 000 Menschen 1997 aus Protest ein «Band der Solidarität» quer durch die Bergbauregionen.

Rau und die Landesregierung hielten sich bei diesem Konflikt zurück. Denn bereits im Lauf der 1980er Jahre hatten sie neue Wege der Strukturförderung eingeschlagen. Statt massiver Subventionierung des Montansektors aus öffentlichen Kassen, die das überschuldete Land auch immer weniger leisten konnte, setzten sie zunehmend auf flankierende Unterstützung von Initiativen, die aus der Gesellschaft selbst heraus kamen. Statt einer Erhaltung traditioneller großindustrieller Strukturen wurden nun mehr und mehr kleine und mittelständische Unternehmen gefördert, wurden schwerpunktmäßig die Entwicklung innovativer Technologien und die Sanierung umweltbelastender Anlagen unterstützt. Am Ende des Jahrzehnts löste sich das Land auch von der bisherigen Konzentration auf das Ruhrgebiet: Die 1987 gestartete «Zukunftsinitiative Montanregion» (ZIM) wurde nach Protesten aus anderen Landesteilen 1989 in die «Zukunftsinitiative für die Regionen Nordrhein-Westfalens» (ZIN) umgewandelt.

Raus Regierung erwies sich also als durchaus erfinderisch. Freilich vermochten weder die traditionelle Strategie, reichliche Subventionen mit der Gießkanne zu verteilen, noch der Rückzug auf die bescheidenere Rolle eines Katalysators des Strukturwandels die Verschlechterung der wirtschaftlichen Eckdaten im Land umzukehren. Von der dritten Alternative einer entschieden auf wirtschaftsliberale Prinzipien setzenden Politik des «Laufenlassens» grenzten Rau und seine Regierung sich aber eindeutig ab.

Diese Abgrenzung war nicht zuletzt eine Distanzierung von der Politik, die Teile der seit 1982 auf Bundesebene regierenden CDU/FDP-Koalition vertraten. Denn zum ersten Mal in der Geschichte Nordrhein-Westfalens wurden Bund und Land während des größten Teils der Ära Rau für einen längeren Zeitraum verschieden regiert. Zwischen 1949 und 1982 war die dominierende Kraft in der nordrhein-westfälischen Regierung meist auch stärkste Regierungspartei in Bonn gewesen. Bund und bevölkerungsreichstes Land waren, wie Raus Vorgänger Franz Meyers und Heinz Kühn es parolenartig verkürzt hatten, «Hand in Hand» gegangen. Das war zwischen 1982 und dem Ende der Ära Rau 1998 nicht mehr der Fall.

In Düsseldorf konnte die SPD fünfzehn Jahre lang allein regieren, nachdem die FDP bei den Landtagswahlen 1980 an der Fünfprozenthürde gescheitert war. Johannes Rau stilisierte Nordrhein-Westfalen in dieser Zeit wie schon Karl Arnold zum «sozialen Gewissen» der Bundesrepublik. Allerdings konnte Rau diese politische Strategie wesentlich effektiver einsetzen als Arnold, weil er seit 1982 keine Rücksicht mehr auf Parteifreunde in der Bonner Regierung nehmen musste. So konnte er der CDU/FDP-Regierung im Bund etwa eine sozial ungerechte Politik vorwerfen oder eine aktive Bekämpfung der Arbeitslosigkeit durch drastische Verkürzung von Lebens- und Wochenarbeitszeit fordern, ohne sich Gedanken über die Finanzierung machen zu müssen. In charakteristischer Weise spielte der Ministerpräsident auf dieser Klaviatur einer Abgrenzung von der Bundespolitik in einem an alle nordrhein-westfälischen Haushalte vor der Landtagswahl 1985 verteilten Brief: «Wir hier in Nordrhein-Westfalen lassen niemanden abseits stehen, bei uns wird niemand ausgegrenzt oder über einem ‹Aufschwung› einfach vergessen.»

Bei den Landtagswahlen zahlte sich das aus. Schon 1980 war die SPD zum ersten Mal seit 1966 wieder stärkste Partei im Land geworden. 1985 gewann sie sogar mit über 52 Prozent der abgegebenen Stimmen die absolute Mehrheit. Es war das beste Ergebnis, das bisher je eine Partei bei Wahlen in Nordrhein-Westfalen erzielt hat. 1990 reichte es noch einmal für die absolute Mehrheit, wenn auch nur knapp. Fünf Jahre später musste die SPD dann zwar nach Stimmenverlusten eine Koalition mit den Grünen eingehen. Sie blieb aber immer noch, mit weitem Abstand vor der abgeschlagenen CDU, die in der Wählergunst beliebteste Partei.

Als Ursachen für diese politische Erfolgsgeschichte, die umso erklärungsbedürftiger ist, als sie mit einem wirtschaftlichen

Niedergang des Landes einherging, sind eine ganze Reihe von Faktoren vermutet worden. Der Person des Ministerpräsidenten wird in vielen Erklärungen eine wichtige, wenn nicht sogar zentrale Bedeutung zugeschrieben. Zweifellos besaß Johannes Rau eine viele Zeitgenossen tief beeindruckende Persönlichkeit. Der Sohn eines Predigers und gelernte Verlagsbuchhändler aus Wuppertal vereinte einnehmendes und kommunikatives Wesen mit dem Machtinstinkt des Vollblutpolitikers. Mehr als jedem anderen Ministerpräsidenten Nordrhein-Westfalens gelang es Rau, sich als «Landesvater» zu inszenieren. Virtuos benutzten er und seine Berater die Medien für ihre Zwecke. Der Erfolg der SPD in Nordrhein-Westfalen während der 1980er und 1990er Jahre scheint auf den ersten Blick von dem der «Marke» Johannes Rau kaum zu trennen.

Allerdings gelangen Rau und seiner Partei solche Erfolge nur auf der Landesebene. Während die SPD ihre Hauptkonkurrenz, die CDU, bei Landtagswahlen zwischen 1980 und 1995 deklassierte, war es bei Bundestagswahlen umgekehrt – und zwar auch in Nordrhein-Westfalen. Die Sozialdemokraten blieben hier teilweise über zehn Prozent hinter den Ergebnissen der Christdemokraten zurück. Selbst als Johannes Rau zu den Bundestagswahlen von 1987 als Kanzlerkandidat seiner Partei antrat, erhielt er von den nordrhein-westfälischen Wählern deutlich weniger Stimmen als sein christdemokratischer Gegenkandidat Helmut Kohl.

Mehr Erklärungskraft können deshalb Interpretationen beanspruchen, welche die Erfolge der SPD im Land während der Ära Rau weniger auf die Person des Ministerpräsidenten als auf die Schwäche der Opposition zurückführen. Tatsächlich war die Landes-CDU in den 1980er Jahren heillos zerstritten. Tiefe Gräben trennten nicht nur die christdemokratischen Landesverbände Rheinland und Westfalen-Lippe, sondern auch deren Vorsitzende Bernhard Worms und Kurt Biedenkopf. Nach der Vereinigung der beiden Landesverbände lag der Landesvorsitzende Biedenkopf im Clinch mit dem CDU-Bundesvorsitzenden Kohl. Allerdings vermag auch der Hinweis auf die internen Schwächen der Christdemokraten nicht zu erklären, warum diese noch in den 1990er Jahren gegen die SPD chancenlos blieben, als sie weitgehend geeint hinter dem populären Norbert Blüm als neuem Landesvorsitzenden und Landtagswahl-Spitzenkandidaten standen.

Offenbar schafften es die Sozialdemokraten in der Ära Rau, nicht wenige nordrhein-westfälische Wähler, die bei Bundestagswahlen die CDU unterstützten, bei Landtagswahlen für sich zu gewinnen oder zumindest zur Stimmenthaltung zu bewegen. Diese Erfahrung mussten nicht nur die Christdemokraten machen. Auch den Grünen ging es ähnlich. Während sie schon 1983 in den Bundestag einzogen, schafften sie den Einzug in den Düsseldorfer Landtag erst 1995. Denn es gelang den Sozialdemokraten unter Rau, viele «grüne» Themen in der Landespolitik zu besetzen. So nahm sich die SPD-Landesregierung umweltpolitischer Fragen, die sie seit etwa 1970 eher nachlässig behandelt hatte, ab Mitte der 1980er Jahre wieder verstärkt an. Gleichzeitig engagierten sich die Sozialdemokraten im Land außerordentlich für die Gleichstellung von Frauen. Unter anderem setzten sie im Landtag gegen die Stimmen von CDU und FDP das erste Gesetz zur bevorzugten Einstellung von Frauen im öffentlichen Dienst durch.

Unter der Ministerpräsidentschaft von Johannes Rau wurde die SPD so zu einer «Allerweltspartei», die sehr viele verschiedene Interessengruppen an sich binden konnte. Nichts ist bezeichnender dafür als der Erfolg des Slogans «Wir in Nordrhein-Westfalen», mit dem die Partei den Landtagswahlkampf 1985 bestritt. Der Slogan war offen für Differenz, hob diese aber gleichzeitig auf in dem Angebot zur Identifikation mit dem Land, das mit der Regierungspartei zu einer Einheit verschmolz. Rau unterstrich das in seiner Regierungserklärung 1985, als er die 17 Millionen Bürger des Landes ansprach: «Unsere Herkunft ist unterschiedlich, unsere Zukunft ist gemeinsam. Wir leben gerne hier. Vielfalt ist unsere Stärke.»

Davon konnten sich Westfalen ebenso angesprochen fühlen wie Rheinländer, Katholiken ebenso wie Protestanten, Frauen wie Männer, Vertreter verschiedenster Schichten, Milieus, Lebensstile und Ethnien. Tatsächlich nahmen die Sozialdemokraten sich besonders derjenigen Gruppen an, die als unterprivilegiert gelten konnten, aber dennoch ausgesprochen zahlreich waren. Frauen gehörten dazu; Arbeitnehmer gehörten dazu; und nicht zuletzt auch Ausländer. Es war Raus Parteigenosse und Vorgänger als nordrhein-westfälischer Ministerpräsident Heinz Kühn, der seit 1979 in seinem neuen Amt als erster bundesdeutscher Ausländerbeauftragter eine neue Politik gegenüber den Arbeitsmigranten vorbereitete: Statt in diesen nur auf Zeit bleibende «Gastarbeiter» zu sehen, solle man sich daran gewöhnen, sie als Zuwanderer zu betrachten. Für Nordrhein-Westfalen mit seinem überproportionalen Ausländeranteil war das von besonderer Bedeutung. Am Ende des 20. Jahrhunderts gab es gut zwei Millionen Ausländer im Land. Durch die ab den 1980er Jahren in großem Stil durchgeführten Einbürgerungen hatten jedoch etwa vier Millionen Nordrhein-Westfalen zu diesem Zeitpunkt einen Migrationshintergrund – das war fast ein Viertel der Einwohner.

Flankiert wurde die «Wir in Nordrhein-Westfalen»-Kampagne durch eine geschichtspolitische Offensive. Eine Reihe von Publikationen, die seit den 1980er Jahren im sozialdemokratischen Parteiverlag erschienen und auch von der Landeszentrale für politische Bildung in großer Zahl vertrieben wurden, machten der Bevölkerung des Landes Angebote zur Identifikation mit einer bestimmten Vergangenheit. Eine solche «Einladung zu einer Geschichte des Volkes in NRW» begründete Rau im Vorwort des gleichnamigen Buches, das «nicht zuletzt als Antwort auf die zahlreichen Neuveröffentlichungen von repräsentativen konservativen Geschichtswerken über die neuere deutsche Geschichte» gedacht sei. Die Geschichte Nordrhein-Westfalens wurde darin größtenteils mit der der Arbeiterschaft gleichgesetzt, und zwar besonders im Ruhrgebiet und in der Montanindustrie.

Das Projekt einer großen Ausstellung zur Landesgeschichte, das zu Beginn von Raus Ministerpräsidentschaft diskutiert worden war, verlief dagegen im Sand. Die mit der Vorbereitung betrauten Historiker wurden von den interessierten Politikern zunächst dazu gedrängt, sich auf die Geschichte seit Beginn der

Industrialisierung zu beschränken. Die schließlich erarbeitete Konzeption, die sich im Wesentlichen auf die politische Verwaltungsgeschichte des 19. und 20. Jahrhunderts konzentrierte, fand dann aber auch nicht den Beifall der Landesregierung. Mit dem Argument zu hoher Kosten wurden die Planungen schließlich zu den Akten gelegt. Zum 40. Jahrestag der Gründung Nordrhein-Westfalens 1986 fand aber dennoch eine aus Landesmitteln finanzierte große historische Ausstellung statt, die den Titel «Im Westen was Neues» trug. Die Geschichte der «großen Politik» stand freilich nicht in ihrem Mittelpunkt. Mit der Wahl des Industriemuseums in der ehemaligen Zeche Zollern als Ausstellungsort wurde vielmehr bereits eine Interpretation vorgegeben, nach der das Land «durch die Arbeit und die Welt der Arbeit» geprägt sei, wie es im Katalog hieß.

Diese Art von Geschichtspolitik zielte darauf, die Identifikation der Bürger mit der montanindustriellen Welt zu verstärken. Dass es sich dabei um eine untergehende oder schon untergegangene Welt handelte, behinderte den Erfolg dieser Mythenbildung offenbar nicht. Vielfach setzte sich gerade erst mit dem Niedergang der Montanindustrie eine positive Identifikation mit Nordrhein-Westfalen als dem Land von Kohle und Stahl durch – bei Montanarbeitern sowieso, aber auch bei großen Teilen der Bevölkerung des Landes, besonders an der Ruhr. Das belegt exemplarisch etwa der große Erfolg von Herbert Grönemeyers ebenfalls Mitte der 1980er Jahre herausgekommenem Lied «Bochum». Grönemeyers Hymne an seine Heimatstadt mit ihrem «Pulsschlag aus Stahl», deren «Grubengold» Kohle nach dem Zweiten Weltkrieg «uns wieder hochgeholt» habe, endete im Refrain auf den Bergarbeitergruß «Glück auf». Diese positive Identifikation mit der montanindustriellen Vergangenheit verband sich mit einem trotzigen Bestreiten des aktuellen Niedergangs an der Ruhr: «Tief im Westen, wo die Sonne verstaubt, ist es besser, viel besser, als man glaubt!»

Ähnlich trotzig hielten auch Rau und die SPD lange an der Vision einer Wiederbelebung montanindustrieller Vergangenheit fest. Bis Ende der 1980er Jahre, und teilweise noch darüber hinaus glaubten die Landesregierung und große Teile der Betroffenen in Nordrhein-Westfalen an eine Reindustrialisierung. Das konjunkturelle Auf und Ab, das den Absatzrückgang bei Stahl und Steinkohle immer wieder unterbrach, nährte die Illusion, man habe das Ende der Talsohle bald erreicht, nach der es wieder aufwärts gehen würde. Für die Zeitgenossen war der langfristig nach unten zeigende Trend eben nicht so deutlich, wie er aus der Rückschau erscheint. Allerdings gehörte auch ein beträchtlicher Wille dazu, ans Licht am Ende des Tunnels zu glauben.

In den 1990er Jahren begannen die Illusionen dann zu verfliegen. Parallel dazu setzte eine schleichende Erosion der sozialdemokratischen Mehrheit im Land ein. Die SPD verlor bei den Landtagswahlen kontinuierlich Stimmenanteile. 1995 war Rau deshalb gezwungen, eine Koalition mit den von ihm persönlich ungeliebten Grünen einzugehen. Drei Jahre später wurde er zum Bundespräsidenten gewählt und legte das Amt des nordrhein-westfälischen Regierungschefs nieder.

6. Unterwegs ins 21. Jahrhundert: Von Rau zu Rüttgers

Raus Nachfolger als Ministerpräsident der rot-grünen Koalition wurde der langjährige Chef der Staatskanzlei Wolfgang Clement. Unter Führung des studierten Juristen Clement, der vor seiner politischen Karriere zwei Jahrzehnte als Journalist gearbeitet hatte, rückte die Landesregierung schrittweise von der Identifikation mit der montanindustriellen Vergangenheit ab. Stattdessen setzte sie zunehmend auf eine Stilisierung Nordrhein-Westfalens zum zukunftsorientierten «Land der Reformen».

Auch dieses Selbstbild wurde wieder geschichtspolitisch flankiert. Im Jahr 2000 erschien ein von jüngeren Sozialdemokraten herausgegebener Band über «Reform an Rhein und Ruhr» mit dem Untertitel «Nordrhein-Westfalens Weg ins 21. Jahrhundert», für den Clement das Vorwort schrieb. Darin erklärte der Ministerpräsident Nordrhein-Westfalen zu dem Land, «in dem man am meisten von Reformen versteht». Im historischen Teil des Bandes stand nicht mehr eine durch Kohle und Stahl geprägte Arbeitswelt, sondern gerade ihre Überwindung durch den «Strukturwandel» seit den 1960er Jahren im Mittelpunkt. Der angebliche Erfolg dieses Strukturwandels zeige: «Nordrhein-Westfalen ist und bleibt eine Werkstatt für zukunftsfähige Reformen.»

Clement bemühte sich wesentlich mehr als sein Vorgänger Rau um ein dynamisches und modernes Image der Landesregierung. Symptomatisch dafür war der vielfach als unnötig und zu teuer kritisierte Umzug der nordrhein-westfälischen Staatskanzlei in den mondänen neuen Glasbau des Düsseldorfer Stadttores. In dem Gebäude arbeitete die politische Elite des Landes nun direkt neben den Büros von Wirtschaftsunternehmen. Der neue Ministerpräsident suchte den engen Kontakt zur Privatwirtschaft. Im Landtag führte sein ungewohnter Politikstil zu Irritationen: Gleich vier parlamentarische Untersuchungsausschüsse beschäftigten sich während Clements verhältnismäßig kurzer Amtszeit mit Vorwürfen der Begünstigung von Privatunternehmen durch die Landesregierung.

Sein Ruf als liberaler Reformer trug dazu bei, dass Clement 2002 nach Berlin wechselte, wo er als «Superminister» für Wirtschaft und Arbeit in den nächsten Jahren einschneidende Veränderungen im sozialpolitischen System der Bundesrepublik initiierte. Das Amt des Ministerpräsidenten in Düsseldorf übernahm für die nächsten drei Jahre Peer Steinbrück. Steinbrück war der erste Ministerpräsident Nordrhein-Westfalens, der nicht aus dem Land selbst stammte. Dennoch war der gebürtige Hamburger als nordrhein-westfälischer «Landesvater» sehr populär. Den kontinuierlichen Abstieg seiner Partei, der Sozialdemokratie, in der Wählergunst konnte aber auch er nicht verhindern.

Bereits bei den Landtagswahlen im Jahr 2000, noch während der Amtszeit von Wolfgang Clement, mussten die Sozialdemokraten zum dritten Mal in Folge empfindliche Mandatsverluste hinnehmen. Auch ihre Koalitionspartner, die Grünen, verloren Stimmen. Dass es überhaupt noch für eine knappe rot-grüne Mehrheit reichte, lag an der zeitweiligen Schwäche des Hauptgegners: Die CDU war während des Wahlkampfs durch eine

Parteispendenaffäre belastet, und ihr Spitzenkandidat Jürgen Rüttgers fügte durch eine unbedachte Äußerung gegen die Einwanderungspolitik der Bundesregierung ein weiteres Handicap hinzu. 2005 konnten Rüttgers und die Christdemokraten dann jedoch triumphieren. Zum ersten Mal seit drei Jahrzehnten schnitt die CDU bei einer Landtagswahl in Nordrhein-Westfalen besser ab als die SPD. Die musste ihr schlechtestes Wahlergebnis im Land seit 1954 verbuchen. Gemeinsam mit der FDP bildeten die Christdemokraten unter Jürgen Rüttgers die Regierung.

Damit ging eine Epoche sozialdemokratischer Dominanz in der Landespolitik zu Ende, die 39 Jahre gedauert hatte. Was waren die Gründe für den Verlust der sozialdemokratischen Hegemonie? Personen spielten dafür 2005 keine konkrete Rolle. Im Gegenteil: Der sozialdemokratische Ministerpräsident und Amtsinhaber Steinbrück war populärer als sein Herausforderer Rüttgers. Die CDU wurde aber bei den Themen, die den Wählern besonders wichtig waren – Wirtschaft, Arbeitsmarkt, Bildungspolitik und Staatsverschuldung –, für kompetenter gehalten als die SPD.

Besonders die wirtschaftliche Lage des Landes verursachte den Machtverlust der Sozialdemokratie. Kurz vor der Landtagswahl von 2005 überschritt die Zahl der Arbeitslosen in Nordrhein-Westfalen zum ersten Mal die Marke von einer Million. Zwar war der in diesem wie in früheren Wahlkämpfen von der Opposition erhobene Vorwurf, der jahrzehntelange wirtschaftliche Niedergang des Landes sei Folge sozialdemokratischer Politik, durchsichtige parteipolitische Polemik. Denn die Anfänge dieses Niedergangs datieren mit der Krise des Steinkohlebergbaus bereits aus der Zeit der CDU-geführten Regierung Meyers. Aber es war den sozialdemokratisch geführten Landesregierungen seitdem nicht gelungen, den wirtschaftlichen Abwärtstrend des Landes fühlbar zu stoppen.

Wolfgang Clement und Peer Steinbrück konnten, anders als noch Johannes Rau, diesen Vorwürfen der Opposition auch nicht mehr mit dem Argument begegnen, dass die Wirtschaftspolitik in Bonn bzw. Berlin gemacht werde. Denn zwischen 1998 und 2005 regierte auch im Bund eine rot-grüne Koalition.

Auf diese hatte die gleichfarbige Landesregierung nicht nur direkten Einfluss. Die wirtschaftspolitische Reformagenda war in Düsseldorf und auf Bundesebene in diesen Jahren auch weitgehend identisch. Nordrhein-Westfalen konnte sich deshalb nicht mehr zum «sozialen Gewissen» der Bundesrepublik aufwerfen. Die von Johannes Rau mit Erfolg praktizierte Strategie, Leistungskürzungen und Umbau des Sozialstaats durch eine CDU/FDP-Koalition in Bonn anzuprangern und damit bei den Wählern im Land zu punkten, war seinen Nachfolgern nicht mehr möglich.

Langfristig betrachtet war der Machtverlust der Sozialdemokraten auch eine Folge des wirtschaftlichen Strukturwandels. Denn unabhängig davon, ob die Entwicklung Nordrhein-Westfalens von einem im Kern montanindustriell geprägten Land zu einer nachindustriellen Dienstleistungsgesellschaft als gelungen betrachtet werden kann oder nicht – für die soziale Zusammensetzung der Bevölkerung und die politische Ausrichtung der Wählerschaft zeitigte diese Entwicklung bedeutende Konsequenzen. Seit den 1960er Jahren hatte die SPD bei Landtagswahlen in den montanindustriell geprägten Ballungsräumen, vor allem an der Ruhr, den Kern ihrer Anhängerschaft. In mancher Hinsicht entstand dieses Klientelverhältnis in der Landespolitik sogar erst infolge der strukturellen Probleme, die Bergbau- und Stahlbranche plagten. Weil die Sozialdemokraten wesentlich mehr Anteilnahme an den Schwierigkeiten der Ballungsräume zeigten, wurden sie von deren Einwohnern mehrheitlich unterstützt. Wurde der Aufstieg der SPD zur politischen Vorherrschaft in Nordrhein-Westfalen so vom wirtschaftlichen Strukturwandel mit angestoßen, trug der Fortschritt des Strukturwandels auf Dauer aber auch zum Verlust dieser Vorherrschaft bei. Denn das traditionelle Industriearbeitermilieu, die wichtigste Machtbasis der Partei, verschwand in seinem Verlauf weitgehend. Und was davon übrig blieb, wandte sich immer mehr von der Sozialdemokratie ab.

In ihren Hochburgen an der Ruhr, wo die SPD an der kommunalen Basisebene sogar oft schon seit den 1950er Jahren dominant war, kam die Zeit der «roten Rathäuser» in den späten

1990er Jahren an ein Ende. Beschleunigt durch eine Reihe von Skandalen, in die sozialdemokratische Bürgermeister verwickelt waren, gewann bei den Kommunalwahlen 1999 die CDU in zahlreichen Ruhrgebietsstädten Mehrheiten. Nach fast einem halben Jahrhundert unangefochtener Herrschaft schien die Sozialdemokratie an den Graswurzeln des politischen Massenmarkts ihre Strahlkraft, wenn nicht gar ihre Integrität verloren zu haben. Selbst viele Mitglieder der Partei glaubten nicht mehr an diese und gaben ihre Mitgliedsbücher zurück. An der Wende zum 21. Jahrhundert verlor die SPD nicht nur die Mehrheit im Landtag und in vielen Kommunen an die Christdemokraten. Die CDU lief der Sozialdemokratie auch den Rang als mitgliederstärkste Partei in Nordrhein-Westfalen ab.

Der Machtwechsel in Nordrhein-Westfalen war im Wesentlichen eine Folge sozialdemokratischer Substanzverluste. Auf dem Höhepunkt ihres Erfolgs, bei den Landtagswahlen von 1985, hatte die SPD fast fünf Millionen Stimmen für sich mobilisieren können. 2005 waren es, bei einer fast 20 Prozent geringeren Wahlbeteiligung, nur noch gut drei Millionen. Die CDU erreichte dagegen bei beiden Wahlen mit etwa dreieinhalb Millionen Stimmen nahezu dieselbe Stimmenzahl. Urteilt man nach der Beteiligung an Landtagswahlen, hat das politische Interesse der Bevölkerung seit seinem Höhepunkt Mitte der 1970er Jahre beträchtlich abgenommen. Am Beginn des 21. Jahrhunderts wollten nur noch knapp 60 Prozent der Wahlberechtigten in Nordrhein-Westfalen auf die Zusammensetzung des Landesparlaments Einfluss nehmen. Das waren weniger als je zuvor, weniger selbst noch als im Not- und Trümmerjahr 1947. Das Desinteresse zumindest an diesem Aspekt von Politik hat sich im Land vor allem zuungunsten der Sozialdemokratie ausgewirkt.

Der Regierungswechsel von 2005 in Düsseldorf hängt also mit langfristigen wirtschaftlichen, sozialen und mentalen Wandlungsprozessen zusammen. Im Vergleich mit deren Bedeutung dürfte die der politischen Wachablösung sogar eher nachrangig sein. Denn zum einen änderte sich die Richtung der Landespolitik mit dem Wechsel von der rot-grünen Koalition zur CDU/FDP-Regierung weniger grundsätzlich als in Nuancen. Das programmatische Profil, mit dem die Christdemokraten die Wahl von 2005 gewannen, war nicht besonders ausgeprägt. Zwar drängte ihr Koalitionspartner auf einen stärker wirtschaftsliberalen Kurs. Der als Sohn eines Elektrikers geborene Ministerpräsident Jürgen Rüttgers machte sich allerdings nachhaltig für Kontinuität im Sinn sozialpolitischer Ausbalancierung der marktwirtschaftlichen Ordnung stark. Auf dem Feld der Bildungspolitik, wo das Land die meisten Kompetenzen besitzt, setzte die neue Regierung eigene Akzente, nahm aber ebenfalls keine einschneidenden Neuerungen vor. Der in der Amtszeit Steinbrücks begonnene Ausbau der Ganztagsschulen wurde unter Rüttgers weitergeführt. Auch der Hochschul- und Forschungsbereich nahm weiterhin hohe Priorität ein. Die Frage von Studiengebühren hatte im Wahlkampf 2005 eine wichtige Rolle gespielt. Viel davon war freilich nur Theaterdonner. Nach ihrem Wahlsieg führte die Regierung Rüttgers eine Gebührenregelung ein. Jedoch hatte die SPD unter Steinbrück mit der Einführung von Studienkonten, die Gebühren ab der anderthalbfachen Überschreitung der Regelstudienzeit und für ein Zweitstudium vorsah, bereits einen Schritt in die gleiche Richtung gemacht.

Zum anderen ist es eher unwahrscheinlich, dass mit dem Regierungswechsel von 2005 eine Ära dauerhafter christdemokratischer Vorherrschaft in der Landespolitik angebrochen ist, die zumindest annähernd mit der vergangenen Epoche von 39 Jahre Dominanz der SPD vergleichbar wäre. Dagegen spricht vor allem die stark angestiegene Unstetigkeit des Wahlverhaltens. Die Zahl der von Fall zu Fall entscheidenden Wechselwähler nimmt in Nordrhein-Westfalen wie anderswo immer weiter zu, die Zahl der Stammwähler einer Partei ab. Die CDU verfügt deshalb nicht über ein strukturell gefestigtes Milieu als Stammwählerbasis, wie die SPD es lange in der Arbeiterschaft an der Ruhr besaß.

Überhaupt hat sich die politische und gesellschaftliche Landschaft gegenüber den Gründerjahren des Landes stark ausdifferenziert. Anstelle einer übersichtlichen Zahl von relativ scharf abgegrenzten und stabilen Milieus, die sich durch Kriterien wie

Konfession und soziale Schicht auszeichneten, ist eine kaum noch zu überschauende Vielfalt von Gruppenidentitäten getreten, die sich durch Lebensstile auszeichnen. Während man in ein Milieu mehr oder weniger hineingeboren und darin sozialisiert wurde, ist das Bekenntnis zu einem Lebensstil eine weitgehend individuelle Entscheidung. Entsprechend unscharf und fluktuierend sind die Grenzen zwischen den Gruppen – und entsprechend offen ist die weitere soziale und politische Entwicklung des Landes im 21. Jahrhundert.

Literaturhinweise

Eine umfassende **Gesamtdarstellung** zur Geschichte des Raumes, der heute das Bundesland Nordrhein-Westfalen bildet, gibt es nicht. Eine exzellente Zusammenfassung des Forschungsstands der frühen 1990er Jahre vor allem für die Zeit bis zur Landesgründung bietet aber *Jörg Engelbrecht, Landesgeschichte Nordrhein-Westfalen, 1994*. Zur schnellen Orientierung über einzelne Themen seit dem Mittelalter eignet sich *Nordrhein-Westfalen: Landesgeschichte im Lexikon, 1993*.

Die **Geschichte der beiden Regionen Rheinland und Westfalen** behandeln ausführlich *Rheinische Geschichte, Hg. Franz Petri/Georg Droege, 3 Bände, 1976–1983; Westfälische Geschichte, Hg. Wilhelm Kohl, 4 Bände, 1982–1984*. Kurzfassungen davon enthalten *Wilhelm Janssen, Kleine Rheinische Geschichte, 1997; Wilhelm Kohl, Kleine Westfälische Geschichte, 1994; Harm Klueting, Geschichte Westfalens, 1998*. Hilfreich sind auch die Internet-Portale der Landschaftsverbände: *www.rheinische-geschichte.lvr.de* und *www.lwl.org/westfaelische-geschichte/portal/Internet*. Aufschlussreich zu den Beziehungen zwischen beiden Regionen ist *Köln–Westfalen 1180–1980: Landesgeschichte zwischen Rhein und Weser, 2 Bände, 1981*.

Auf die **preußische Zeit** konzentrieren sich ganz oder überwiegend *Hans-Joachim Behr, Rheinland, Westfalen und Preußen in ihrem gegenseitigen Verhältnis 1815–1945, in: Westfälische Zeitschrift 133 (1983), S. 37–56; Georg Mölich/Meinhard Pohl/Veit Veltzke (Hg.), Preußens schwieriger Westen: Rheinisch-preußische Beziehungen, Konflikte und Wechselwirkungen, 2003; Gunter E. Grimm/Bernd Kortländer (Hg.), «Rheinisch»: Zum Selbstverständnis einer Region, 2005; Karl Teppe/Michael Epkenhans (Hg.), Westfalen und Preußen: Integration und Regionalismus, 1991; Rheinland-Westfalen im Industriezeitalter, Hg. Kurt Düwell/Wolfgang Köllmann, 4 Bände, 1984; Detlef Briesen/Rainer Elkar/Jürgen Reulecke/Gerhard Brunn, Gesellschafts- und Wirtschaftsgeschichte Rheinlands und Westfalens, 1995; Lutz Niethammer u. a. (Hg.), «Die Menschen machen ihre Geschichte nicht aus freien Stücken, aber sie machen sie selbst»: Einladung zu einer Geschichte des Volkes in NRW, 1988*.

Einen hervorragenden kurzen Überblick zur **Geschichte des Bundeslands Nordrhein-Westfalen** enthält *Gerhard Brunn/Jürgen Reulecke, Kleine Geschichte von NRW 1946–1996, 1996*. Ausführlicher, aber etwas konzeptlos ist *Nordrhein-Westfalen: Ein Land in seiner Geschichte, 1996*.

In **einzelne zentrale Fragen der Zeit seit 1946** führen ein *Dieter Düding, Volkspartei im Landtag: Die sozialdemokratische Landtagsfraktion in NRW als Regierungsfraktion 1966–1990, 1998; Ursula Feist/Hans-Jürgen*

Hoffmann, Die nordrhein-westfälische Landtagswahl vom 22. Mai 2005: Schwarz-Gelb löst Rot-Grün ab, in: Zeitschrift für Parlamentsfragen 37 (2006), S. 163–182; Guido Hitze, Anatomie eines Niedergangs: Eine Untersuchung über die nordrhein-westfälische CDU in den Jahren 1980 bis 1995, in: Geschichte im Westen 18 (2003), S. 202–235; Guido Hitze, Geburtsstunde einer politischen Identifikationskampagne: «Wir in NRW» und der Landtagswahlkampf 1985, in: Geschichte im Westen 20 (2005), S. 89–123; Der Kraftakt: Kommunale Gebietsreform in NRW, 2005; Sabine Mecking, «Gegen den Imperialismus der Großstädte»: Protest und Bürgerengagement gegen die kommunale Gebietsreform in NRW, in: Geschichte im Westen 22 (2007), S. 201–222; Christoph Nonn, Die Ruhrbergbaukrise: Entindustrialisierung und Politik 1958–1969, 2001; Christoph Nonn, Vom Naturschutz zum Umweltschutz: Luftreinhaltung in NRW zwischen fünfziger und frühen siebziger Jahren, in: Geschichte im Westen 19 (2006), S. 230–243.

Biographische Ansätze finden sich bei *Sven Gösmann (Hg.), Die Ministerpräsidenten von Nordrhein-Westfalen, 2008; Jürgen Mittag/Klaus Tenfelde (Hg.), Versöhnen statt spalten: Johannes Rau – Sozialdemokratie, Landespolitik und Zeitgeschichte, 2007*; und in den Reihen *Rheinische Lebensbilder* bzw. *Westfälische Lebensbilder.*

Neuere Forschungsergebnisse werden laufend erfasst durch die *Nordrhein-Westfälische Bibliographie* (*www.hbz-nrw.de/recherche/nw_bib/*) und unter anderem publiziert in den Zeitschriften *Geschichte im Westen, Westfälische Forschungen* und *Rheinische Vierteljahresblätter.*

Orts- und Personenregister

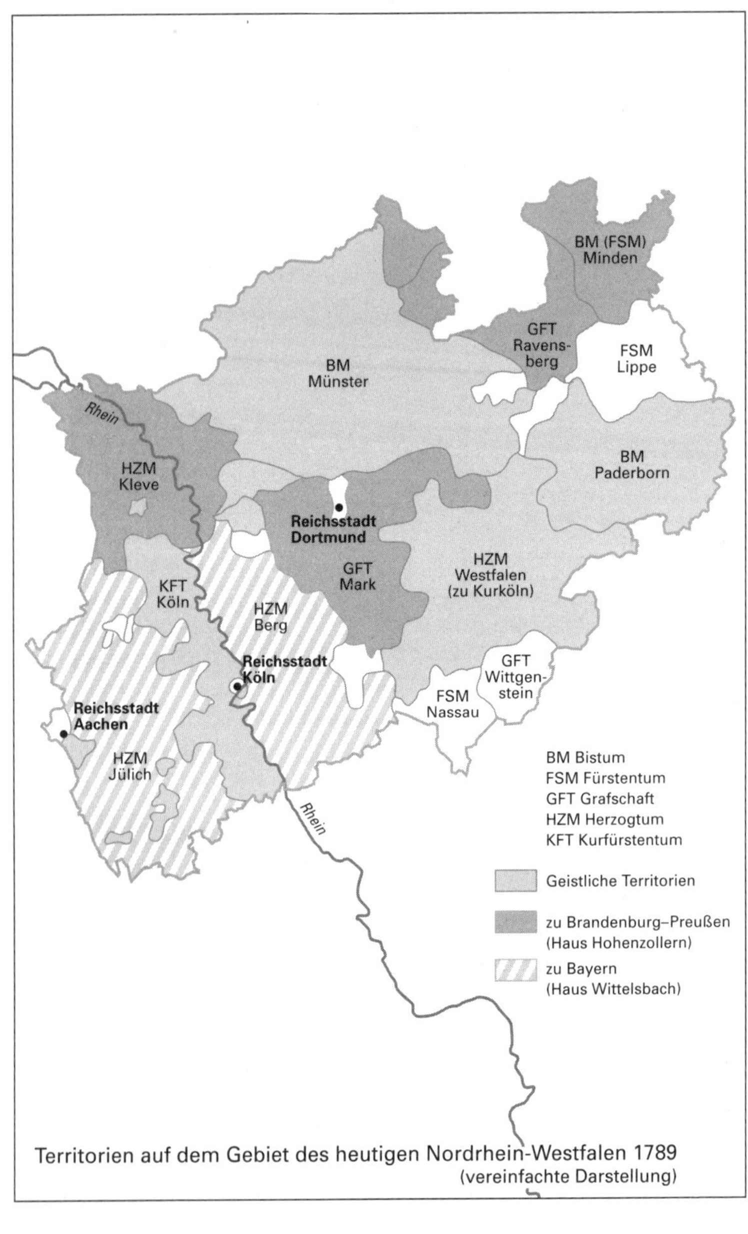

Territorien auf dem Gebiet des heutigen Nordrhein-Westfalen 1789
(vereinfachte Darstellung)